企业级卓越人才培养解决方案"十三五"规划教材

微信营销

天津滨海迅腾科技集团有限公司　主编

南开大学出版社

天　津

图书在版编目(CIP)数据

微信营销 / 天津滨海迅腾科技集团有限公司主编
. —天津:南开大学出版社,2018.8(2025.1 重印)
ISBN 978-7-310-05646-0

Ⅰ.①微… Ⅱ.①天… Ⅲ.①网络营销 Ⅳ.
①F713.36

中国版本图书馆 CIP 数据核字(2017)第 015057 号

主　编　邵荣强　闫　军　沈燕宁　冯　怡
副主编　张启才　齐乃庆　刘　屏　史永博

微信营销
WEIXIN YINGXIAO

南开大学出版社出版发行
出版人:刘文华
地址:天津市南开区卫津路 94 号　　邮政编码:300071
营销部电话:(022)23508339　营销部传真:(022)23508542
https://nkup.nankai.edu.cn

河北文曲印刷有限公司印刷　全国各地新华书店经销
2018 年 8 月第 1 版　　2025 年 1 月第 6 次印刷
260×185 毫米　16 开本　14.5 印张　324 千字
定价:49.00 元

如遇图书印装质量问题,请与本社营销部联系调换,电话:(022)23508339

企业级卓越人才培养解决方案"十三五"规划教材
编写委员会

（排名不分先后）

指导专家 ： 周凤华　　教育部职业技术教育中心研究所
　　　　　　 李　伟　　中国科学院计算技术研究所
　　　　　　 张齐勋　　北京大学
　　　　　　 朱耀庭　　南开大学
　　　　　　 潘海生　　天津大学
　　　　　　 董永峰　　河北工业大学
　　　　　　 邓　蓓　　天津中德应用技术大学
　　　　　　 许世杰　　中国职业技术教育网
　　　　　　 郭红旗　　天津软件行业协会
　　　　　　 周　鹏　　天津市工业和信息化委员会教育中心
　　　　　　 邵荣强　　天津滨海迅腾科技集团有限公司
主任委员 ： 王新强　　天津中德应用技术大学
副主任委员： 张景强　　天津职业大学
　　　　　　 宋国庆　　天津电子信息职业技术学院
　　　　　　 闫　坤　　天津机电职业技术学院
　　　　　　 刘　胜　　天津城市职业学院
　　　　　　 郭社军　　河北交通职业技术学院
　　　　　　 刘少坤　　河北工业职业技术学院
　　　　　　 麻士琦　　衡水职业技术学院
　　　　　　 尹立云　　宣化科技职业学院
　　　　　　 王　江　　唐山职业技术学院
　　　　　　 廉新宇　　唐山工业职业技术学院
　　　　　　 张　捷　　唐山科技职业技术学院
　　　　　　 杜树宇　　山东铝业职业学院
　　　　　　 张　晖　　山东药品食品职业学院
　　　　　　 梁菊红　　山东轻工职业学院
　　　　　　 赵红军　　山东工业职业学院

祝瑞玲　山东传媒职业学院

王建国　烟台黄金职业学院

陈章侠　德州职业技术学院

郑开阳　枣庄职业学院

张洪忠　临沂职业学院

常中华　青岛职业技术学院

刘月红　晋中职业技术学院

赵　娟　山西旅游职业学院

陈　炯　山西职业技术学院

陈怀玉　山西经贸职业学院

范文涵　山西财贸职业技术学院

任利成　山西轻工职业技术学院

郭长庚　许昌职业技术学院

李庶泉　周口职业技术学院

许国强　湖南有色金属职业技术学院

孙　刚　南京信息职业技术学院

夏东盛　陕西工业职业技术学院

张雅珍　陕西工商职业学院

王国强　甘肃交通职业技术学院

周仲文　四川广播电视大学

杨志超　四川华新现代职业学院

董新民　安徽国际商务职业学院

谭维奇　安庆职业技术学院

张　燕　南开大学出版社

企业级卓越人才培养解决方案简介

企业级卓越人才培养解决方案（以下简称"解决方案"）是面向我国职业教育量身定制的应用型、技术技能人才培养解决方案。以教育部—滨海迅腾科技集团产学合作协同育人项目为依托，依靠集团研发实力，联合国内职业教育领域相关政策研究机构、行业、企业、职业院校共同研究与实践的科研成果。本解决方案坚持"创新校企融合协同育人，推进校企合作模式改革"的宗旨，消化吸收德国"双元制"应用型人才培养模式，深入践行基于工作过程"项目化"及"系统化"的教学方法，设立工程实践创新培养的企业化培养解决方案。在服务国家战略：京津冀教育协同发展、中国制造 2025（工业信息化）等领域培养不同层次的技术技能人才，为推进我国实现教育现代化发挥积极作用。

该解决方案由"初、中、高"三个培养阶段构成，包含技术技能培养体系（人才培养方案、专业教程、课程标准、标准课程包、企业项目包、考评体系、认证体系、社会服务及师资培训）、教学管理体系、就业管理体系、创新创业体系等；采用校企融合、产学融合、师资融合的"三融合"模式，在高校内共建大数据（AI）学院、互联网学院、软件学院、电子商务学院、设计学院、智慧物流学院、智能制造学院等；并以"卓越工程师培养计划"项目的形式推行，将企业人才需求标准、工作流程、研发规范、考评体系、企业管理体系引进课堂，充分发挥校企双方优势，推动校企、校际合作，促进区域优质资源共建共享，实现卓越人才培养目标，达到企业人才招录的标准。本解决方案已在全国几十所高校开始实施，目前已形成企业、高校、学生三方共赢的格局。

天津滨海迅腾科技集团有限公司创建于 2004 年，是以 IT 产业为主导的高科技企业集团。集团业务范围已覆盖信息化集成、软件研发、职业教育、电子商务、互联网服务、生物科技、健康产业、日化产业等。集团以科技产业为背景，与高校共同开展"三融合"的校企合作混合所有制项目。多年来，集团打造了以博士、硕士、企业一线工程师为主导的科研及教学团队，培养了大批互联网行业应用型技术人才。集团先后荣获天津市"五一"劳动奖状先进集体、天津市政府授予"AAA"级劳动关系和谐企业、天津市"文明单位""工人先锋号""青年文明号""功勋企业""科技小巨人企业""高科技型领军企业"等近百项荣誉。集团将以"中国梦，腾之梦"为指导思想，在 2020 年实现与 100 所以上高校合作，形成教育科技生态圈格局，成为产学协同育人的领军企业。2025 年形成教育、科技、现代服务业等多领域 100% 生态链，实现教育科技行业"中国龙"目标。

前　言

随着微信用户基数的不断增加，微信营销的发展趋势也越来越好，并占据了营销市场的一席之地。微信营销是网络经济时代营销模式的一种创新，是一种运用微信公共平台和《微信外部链接内容管理规范》的网络营销方式。微信公众平台是一个企业、机构与个人用户之间交流和服务的平台，因此拥有同一公共微信账号的用户形成一种联系，用户无论身在何地，都可以获取或者发布自己想要了解和推广的信息，实现点对点的营销。

本书以微信营销案例为基础，通过对这些案例的详细介绍与分析，使读者能够根据自己产品的特点进行合理的营销。本书共六个章节，即初识微信营销、认识产品价值、微信营销策略、微信营销的原则技巧、小程序推广与运营、微信营销的考核和评估。循序渐进地讲述了微信营销步骤以及流程。通过本书的学习，读者可以熟练地使用微信进行高效的营销。

本书的每个章节都分为学习目标、学习路径、任务描述、任务技能、任务实施、任务拓展、任务总结、英语角、任务习题来讲解相应的知识点。通过学习目标确定本章节的重点知识内容，通过任务技能的学习，可完成任务实施中的案例。结构条理清晰、内容详细，使读者在学习微信营销的过程中体会营销的乐趣。

本书由邵荣强、闫军、沈燕宁、冯怡老师担任主编，由张启才、齐乃庆、史永博、刘屏老师担任副主编，邵荣强、闫军负责统稿，沈燕宁、冯怡负责全面内容的规划，张启才、齐乃庆、史永博、刘屏负责整体内容编排。具体分工如下：第一章至第二章由张启才编写，沈燕宁负责全面规划；第三章至第四章由齐乃庆编写，冯怡负责全面规划，第五章至第六章由史永博、刘屏共同编写，沈燕宁负责全面规划。

本书理论内容简明、扼要，营销操作讲解细致、步骤清晰，实现了理实结合，操作步骤后有相对应的效果图，便于读者直观、清晰地看到操作效果，牢记书中的方法与步骤。使读者在微信营销的学习过程中能够更加顺利，成为一名合格的微信营销人员。

天津滨海迅腾科技集团有限公司

技术研发部

目录

第一章　初识微信营销

通过初识微信营销,了解什么是微信以及微信营销的基本概念,熟悉微信中朋友圈、公众号以及小程序带来的好处,掌握微信营销的独特之处,具有利用微信营销的能力。在任务实现过程中:

- 了解微信的基本概念。
- 熟悉微信带来的好处。
- 掌握微信营销的优势。
- 具有利用微信营销的能力。

具有利用微信营销的能力。

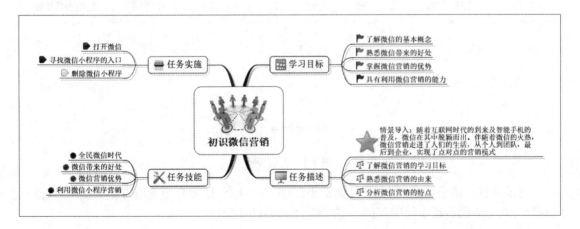

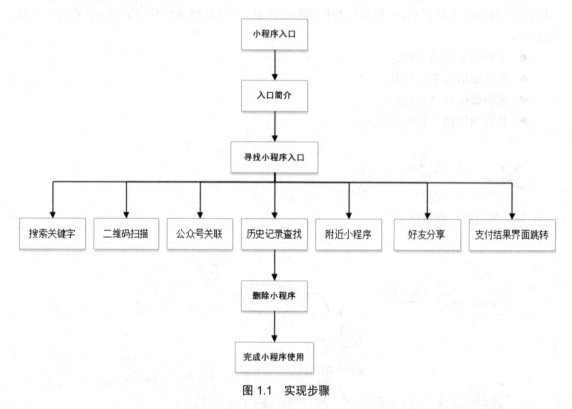

【情境导入】

移动互联网时代的到来使得人们从以往在 PC 端获取信息到如今使用智能手机上网成为现实。而微信作为移动互联网时代的产物,凭借自身优势迅速抢占市场,成为人们生活中不可或缺的一部分。微信营销随着微信的火热而兴起,各个企业随之开始意识到利用微信进行营销的无穷价值。本章主要通过小程序流量入口的介绍,学习如何从发现页面、线下扫码、微信搜索、历史记录等入口进入小程序,从而为微信营销打下基础。

【功能描述】

本章主要介绍微信小程序的流量入口,寻找方式分类如图 1.1 所示。

图 1.1　实现步骤

通过寻找微信小程序入口,了解微信小程序入口分类,详细介绍使用搜索关键字、二维码扫描、公众号关联启动小程序入口,学会删除不需要的小程序。

技能点 1　全民微信时代

　　微信是腾讯公司于 2011 年 1 月推出的一款支持发送语音、视频、图片和文字的手机聊天软件,由张小龙所带领的团队研发。除了方便用户通信外,其还提供公众平台、朋友圈、摇一摇、扫二维码添加好友等功能,是一款方便、功能齐全的手机 APP。

　　相比十五年前通过薄薄的一封信传达朋友间的情谊、十年前通过手机发送短短的几行文字来联络感情,现在通过微信扫一扫二维码添加好友就可以互动交流。

　　以前,智能手机未普及时,靠发短信、打电话联络亲朋好友,但发送的文字数量有限制,更不用说发送视频,其带来的不便不止是价格方面,彩信发送的视频压缩到 50k,对方接收到时画质也许早已改变,如图 1.2 所示为以彩信形式发送视频和以微信形式发送视频对比。

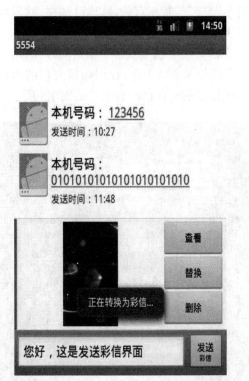

图 1.2　非智能手机与智能手机对比

　　如今只要一部智能手机,便可足不出户遍知天下事,通过微信发送文字、语音、照片、视频,成本几乎可以忽略不计。一夜之间,微信几乎成了生活之中不可或缺的东西。清早睁开眼,晚上临入睡,都要打开手机微信刷刷朋友圈;上班路上读两篇文章,玩两场游戏;到公司楼下微信支付买早点,朋友们兴之所至,或分享网页,或抒发生活感受,或发布美食美景。不知不觉中,微信的横空出世影响了人们的生活。例如一个上班族与微信的一天如图 1.3 所示。

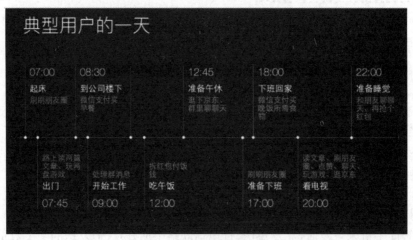

图 1.3　典型用户的一天

　　此外,春节期间,微信小游戏成为闲暇时消遣时光的好方式。小游戏同时在线人数最高达 2 800 万人每小时,其中,"跳一跳"荣登"最受欢迎小游戏"排行榜首位;欢乐斗地主、欢乐坦克大战则分列三四位。如图 1.4 所示微信小游戏使用排行。

　　由此可见微信无处不在,在最近几年,95% 以上的智能手机上安装了微信,月活跃用户达到 10 亿左右。此外,各品牌的微信公众账号总数已经超过 800 万个,使用微信支付的用户则达到了 4 亿左右,用户覆盖 200 多个国家。一个全民微信的时代已经到来! 如图 1.5 所示。

过年聚会,和小游戏最配

春节期间,
小游戏同时在线人数最高达 **2800** 万人/小时

大家最喜欢玩的小游戏 **TOP5**

 跳一跳

 星途WEGOING

 欢乐斗地主

 欢乐坦克大战

 大家来找茬

图 1.4　微信小游戏使用排行

图 1.5　全民微信时代

技能点 2 微信带来的好处

微信作为移动端为主的一个互动、交流、分享平台,其出现受到大众的热捧,追其根源是微信给人的生活带来了极大的变化,作为一款社交通信工具,它的功能数不胜数,如简单常用的扫一扫、摇一摇、视频语音聊天、漂流瓶、朋友圈等。随着市场的不断扩大,微信推出了公众平台等,其提供了服务号、订阅号、小程序和企业微信。如图 1.6 所示。

图 1.6 账号分类

订阅号与服务号都属于微信公众号,但两者有一定的区别,订阅号与服务号的区别如表 1.1 所示。

表 1.1 订阅号与服务号区别

订阅号	服务号
每天可以发送 1 条群发消息	1 个月内仅可以发送 4 条群发消息
消息显示在对方的"订阅号"文件夹中	消息显示在对方的聊天列表中
认证后可申请自定义菜单	可申请自定义菜单
消息无提醒	消息及时提醒

微信功能很多,能够给用户带来哪些好处呢?

1.朋友圈的无限商机

朋友圈是微信的一个基础功能,指在微信上通过各种渠道认识的朋友形成的一个圈子,用户可以通过朋友圈发表文字、图片和短视频,同时可通过其他软件将文章或音乐分享到朋友圈,与好友进行互动、交流感情。

（1）无限商机

微信除了通信功能外，"朋友圈"的开放为微信营销提供了一个很好的渠道。用户可以在朋友圈中以文字加图片的形式投放广告，并强制性地在朋友圈内进行推广，依托朋友圈关系链进行互动传播。用户在朋友圈内分享的内容，非好友的用户看不到，这样能够实现自我隐私保护。在朋友动态下设置了"赞"和"评论"两项，感兴趣的用户自觉就会评论点赞。其具有的特点如下：

● 用户多，覆盖面广。
● 有超强的黏性，用户基本每天都在用微信。
● 朋友圈好友之间都有很强的关联性，可信度高，易于传播。
● 长按发布朋友圈的相机图标，可以发布纯文字动态，并且朋友圈营销不收取任何费用。

（2）某公司创始人的朋友圈

朋友圈不止是用来宣传产品，更是用来宣传人格形象的，宣传产品的朋友圈是很低端的微商，会被屏蔽，宣传人格的朋友圈很有趣，顾客知道在卖什么产品，当有需求时，则会第一时间来消费。举例某公司创始人发布的朋友圈，其有如图1.7所示注意事项。

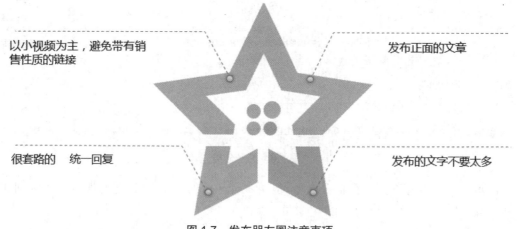

图1.7　发布朋友圈注意事项

发布的动态以小视频为主，并且正文避免带有销售性质的链接，但其可以出现在评论中，减少了朋友圈销售的功利感。如图1.8所示。

发布的是正面的文章，但是给人的感觉不是很"作"。比如那种天天发货爆仓或者是还在努力加班的朋友圈，反而让人很反感。如图1.9所示。

发布朋友圈后，不管点赞的人多还是不多，都会很套路的回复一句："统一回复：XXXX"，统一回复其中暗示很多信息：第一，暗示朋友圈不是在打广告，而是人民群众反问，才勉强回答这个比较商业化的问题；第二，暗示这条朋友圈的热度很高。如图1.10所示，统一回复的新开店面信息（地址、电话、开业时间、开业福利）。

发布带有文字、图片的相关产品介绍，文字不要太多，感兴趣的人会评论或私聊进行深度交流，而且朋友圈的好友可信度较高，推荐的产品更容易让好友接受，从而达到口碑相传的目的。如图1.11所示。

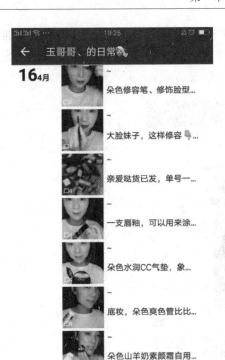

图 1.8　以小视频为主

图 1.9　发布正面文章

图 1.10　必要的统一回复

图 1.11　动态文字不要太多

反面案例:如图 1.12 所示朋友圈动态不仅文字较多,让顾客没兴趣浏览,并且其中带有敏感的价格消息,是赤裸裸的广告营销,长此以往会令人产生反感情绪,然后将此人的朋友圈屏蔽或者直接将其拉进黑名单。

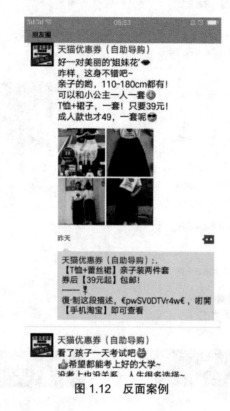

图 1.12　反面案例

2. 微信公众号的商业价值

微信公众号是微信的一个基础功能模块,是开发者或商家在微信公众平台上申请的应用账号。通过公众平台,无论是个人、企业、政府机构都可以打造一个微信公众号,并且可在微信公众号上发布文字、图片、语音、视频等。在此平台商家可以与用户进行全方位沟通、互动,提高企业品牌知名度,如图 1.13 所示。

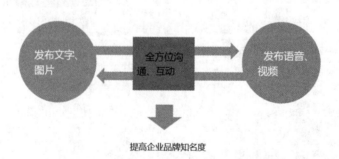

图 1.13　微信公众平台提高企业品牌知名度

（1）微信公众号的商业价值

智能手机的普及与互联网的发展,中国网民也在日趋增长,面对如此庞大的用户群体,许多企业都发现其中的商业价值。但是如何将如此庞大的用户群体聚集起来,这时腾讯公司开发了微信公众平台。其蕴含的部分商业价值如下所示。

①分类明确:微信公众号的分类多样化,既有针对个人生活、情感的,也有打造企业品牌的类型。

②订阅号消息曝光率大:订阅号主要是媒体和个人为用户提供的订阅信息、阅读信息和传播信息的微信公众号。如:河北日报、燕赵晚报、新华网等。其可以设置主动给用户推送信息,其内容可以是重要通知、趣味互动或产品营销等。所以订阅号能及时有效地把企业最新促销活动告知订阅用户,这就提高了消息的曝光率。

③服务号打造便捷服务平台:服务号主要是政府、媒体、企业、公益机构等专门为用户提供自助服务的一个微信公众号。如:交通银行、中国南方航空等。服务号旨在为企业提供更加完善的业务服务,打造一个便捷的服务平台,提高用户体验。

④引导销售:微信公众号采用一对多的交流方式,微信用户关注一个公众号后,用户可以向公众平台提问,公众号根据提问的关键字匹配相应内容回复给用户,能及时快速地把产品或服务信息推送给订阅用户以促成交易。如关注"CSDN 技术头条"公众号,用户回复内容即可得到答案。如图 1.14 所示。

回复数字"1"→"CCTC",推出与 CCTC(中国云计算大会)相关的链接,点击链接进入页面,下载相应资源。如图 1.15 所示。

图 1.14　CSDN 技术头条公众号

图 1.15　获取 CSDN 技术头条的下载资源

(2)"中国移动手机营业厅"公众号

在微信端关注"中国移动手机营业厅"公众号,不需要下载 APP,便可进行充话费、充流量等操作。操作步骤如下所示。

第一步：打开微信，点击右上方"+"，点击"添加朋友"。如图 1.16 所示。

第二步：输入"移动营业厅"，点击搜索；出现很多公众号，点击"中国移动手机营业厅"。如图 1.17 所示。

图 1.16 添加微信公众号

图 1.17 搜索微信公众号

第三步：点击"关注"，进入"中国移动手机营业厅"界面，在此界面用户可以查询"套餐余量、话费"等情况、办理套餐，还可以查看移动最新优惠活动。如图 1.18 所示。

点击"我要查询"，用户可以查询各种业务，如查询"话费、流量余额""当前使用的套餐""当月消费的账单"。如图 1.19 所示。

点击"我要办理"，可以办理各种业务，如流量、话费充值、SIM 卡激活等。如图 1.20 所示。

点击最后一项，可以很方便地查看移动最新的优惠活动。如图 1.21 所示。

3. 微信小程序带来的新机遇

微信小程序是一种不需要下载安装即可使用的应用。可以在微信内被便捷地获取和传播，同时具有出色的使用体验，相当于内置在微信中的为用户提供服务的应用，用户可通过扫一扫或搜索将其打开。其设计目的是为优质服务提供一个开放的平台，是微信基于服务号基础上对提高企业服务能力的一次尝试。

（1）微信小程序优势

手机已成为生活中不可或缺的一部分，而手机的 APP 也成为了智能手机发展的重要支柱。APP 下载安装烦琐并且占用手机大量的内存空间，小程序的出现彻底改变了这一现状。其具有的优势如表 1.2 所示。

图 1.18　关注微信公众号

图 1.19　我要查询服务

图 1.20　我要办理服务

图 1.21　更多优惠

表 1.2 小程序优势

优势	描述
无须安装、卸载	小程序的打开在微信内部,不需要到应用市场搜索寻找、安装。释放手机内存,手机界面更加整洁
开发成本低	小程序的开发成本要比 APP 低一些,主要体现在无须解决不同平台的兼容性问题,企业不需要为不同平台开发不同软件
比较适用	对于使用频率较低,需求又比较重要的行业来说,APP 就显得比较浪费而小程序就比较适用

　　小程序为用户提供如此大的便利,那么其活跃度一定也在上升,通过如图 1.22 所示可以看出微信上各个模块的活跃度,从而得出小程序的使用率在逐渐攀升。

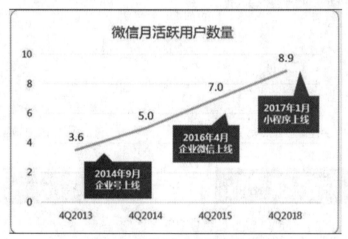

图 1.22 微信上各个模块的活跃度

（2）周黑鸭霸屏附近小程序

　　众所周知,周黑鸭依靠良好的经营策略,逐步发展成为一家全国线下门店接近 800 家食品连锁零售企业,其销量持续攀升不仅得力于线下的企业经营理念,还有线上的周黑鸭销售渠道。如图 1.23 为周黑鸭线下门店。

　　小程序推出不久,周黑鸭就看准商机,强势霸屏"附近的小程序",一夜之间,几乎在任何一个地方打开小程序入口,都能在"附近的小程序"看到"周黑鸭官方商城"。在接入小程序后,周黑鸭实现了 300 万的有效增粉。不可否认,周黑鸭的迅速走红很大一方面得益于小程序的强力助攻。目前购买者可以通过扫码、微信搜索、好友分享、公众号菜单栏中打开"周黑鸭官方商城"小程序,以微信搜索为例查看"周黑鸭官方商城"小程序步骤如下所示。

图 1.23 周黑鸭线下门店

第一步：点击微信的"发现"页面，点击"小程序"。在这里用户可以搜索小程序，查看浏览过的小程序。如图 1.24 所示。

第二步：搜索"周黑鸭官方商城"，点击进入。如图 1.25 所示。

第三步：进入首页，领取优惠券、礼品卡，购买想要的商品，并且有单买和开团两种购买形式，如图 1.26 所示。

图 1.24 点击小程序

图 1.25 搜索小程序

图 1.26　在小程序中购买商品

快来扫一扫！

　　当你了解了微信营销的优势后，你是否觉得微信给我们带来的好处就只有这些？其实不尽然，微信在生活或者工作中给我们带来的好处也多着呢！右方有个二维码，扫一扫，了解更多！

技能点 3　微信营销优势

　　随着微信的发展和完善，微信用户飞速增长，面对如此庞大的用户群体，越来越多的商家盯上微信这个平台，借助微信获取盈利，一种新的营销模式开始登场，即微信营销。微信营销是互联网经济时代企业营销模式的一种创新，是在微信庞大用户群体的基础上兴起的一种网络营销方式。微信营销为何如此受青睐？相比其他营销模式有什么独特之处？如图 1.27 所示。

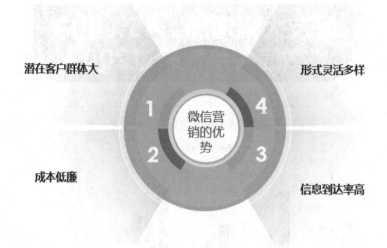

图 1.27　微信营销的优势

1. 潜在客户群体大

微信自从问世以来,用户数突破 9 亿人,相比其他平台,这在一定程度上表明,微信的受众群体数量惊人。微信用户可以随时随地地实现一对一的交流,并且传播内容的方式多种多样,从而多角度、全方位地进行推广和宣传。

微信活跃用户方面,如图 1.28 所示为近年来日均使用微信在 4 小时以上的用户日益增加。

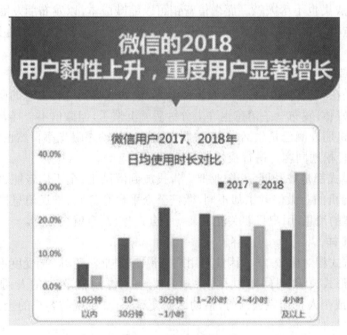

图 1.28　日均使用微信时长

微信用户好友规模方面,从开始的 1~50 人增长到 200 人以上,这就构成一个强大的朋友圈。如图 1.29 所示。

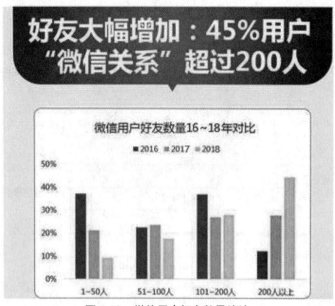

图 1.29　微信用户好友数量统计

2. 成本低廉

微信营销相比传统媒体营销成本更低。微信软件本身的下载是免费的,使用各种功能的期间都不会收取费用,与客户沟通基本上不需要什么费用,只是需要耗费一定的网络流量。而且,通过微信开展的微信营销活动的成本也非常低。宣传产品时,传统的营销推广成本高,宣传费用大,收到的成果也不尽人意。而微信营销可以缩减成本,以发布朋友圈为例,营销人员只须编辑好内容点击发布即可,期间可以拿出一些小礼品做一个营销活动,在这个活动中宣传费用并不是很大。

3. 信息到达率高

信息到达率是在一定时间内目标受众群体看到、读到或听到广告信息的概率。相比微博、贴吧、论坛等社交媒体,发布一条消息也许十分钟后就沉帖了,但微信不一样,微信几乎是每个人生活的必需品,逛朋友圈已是生活常态,在朋友圈发布的动态曝光率自然也就很大。只要带着手机,就能够很轻松地同客户进行很好的互动。

传统的营销模式都是被动展示,企业把广告投放到网站上,至于广告能否被看到、能收到什么效果完全是随机的。微信营销却不同,微信公众平台有订阅、推送消息模式,可以主动向用户推送各种类型的消息,用户只要关注了某一个公众号,消息就会收到。

4. 形式灵活多样

传统的营销方式相对比较单一,因此对用户来说比较枯燥、乏味,接受度不高,而微信营销则不同,其拥有的形式灵活多样,比如大家熟知的摇一摇、漂流瓶、附近的人、朋友圈,再者还有微信公众号,商家或个人打造完公众号,借助这一交流平台,实现与客户的全方位沟通、互动。如图 1.30 所示。

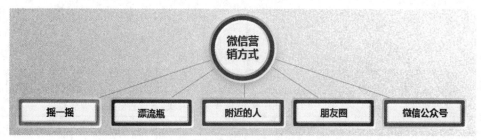

图 1.30　微信营销的方式

（1）摇一摇

通过点击微信"摇一摇"，晃动手机，可以匹配到同一时段触发该功能的微信用户。不论是微信里面的"摇一摇"添加好友还是活动现场调动气氛的互动抽奖都有出现摇一摇的身影，利用摇一摇开展营销活动是当下最火热的一种方式。

（2）漂流瓶

"漂流瓶"是进行交流的一种有趣传播方式，投入大海的漂流瓶不知道漂向何方，被谁捡到，发件人与收件人之间完全陌生，这使得交流方式充满着未知的神秘气息。用漂流瓶进行企业广告推广有很大优势。首先是不会被投诉，因为是陌生人，所以收件人最多是不看，不会被屏蔽和删除。其次内容很随意，也无须审核，不必避讳任何敏感词语。

（3）扫一扫

"扫一扫"是微信的一个主要功能，通过扫描另一位用户的二维码可以获取对方的信息，从而添加好友。随着用户需求增大，微信"扫一扫"功能也屡次升级，用户不仅可以扫描二维码，还可以扫描商家条形码、封面、街景，甚至可以扫描英文单词进行翻译等。如图 1.31 所示。

图 1.31　微信扫一扫

一些企业发现微信扫码所蕴含的商机,由此开展各种各样的营销活动,微信扫码送礼就属于这一类。

表 1.3　扫码营销的优势

优势	描述
奖品直发客户	免去以往中奖后兑换流程烦琐、消费者体验差等痛点
互动性强	相比盖兑奖、刮开兑奖等方式,扫码营销的推出更贴合消费者热衷于方便、互动性高的需求

比如东鹏特饮、恒大冰泉、燕京啤酒等很多快消品都在使用扫码送礼的促销方式。恒大冰泉尝试扫码送礼,以二维码为入口,消费者拿出手机扫码即可得到福利。如图 1.32 所示为拿出手机扫描恒大冰泉的瓶盖。

扫描成功后,会自动跳转恒大冰泉的页面,输入自己的手机号码,并在规定秒数内填写验证码,进行抽奖。如图 1.33 所示。

图 1.32　微信扫码　　　　　　　　　图 1.33　输入手机号抽奖

填写成功后点击"抽奖",页面就会显示是否赢得红包。即使没有中奖,还可以使用积分参加抽黄金、球票等活动。如图 1.34 所示。

图 1.34　抽奖结果

随着移动互联网的快速发展，网络营销成为当今营销的主流，各大商家争先恐后的在各类社交网站上销售产品。而微信和微博成为他们最热衷的平台，两者相比较，微信是占优势的。你想了解这些吗？那还等什么，右方二维码会告诉你的。

技能点 4　利用微信小程序营销

微信的功能逐步完善，其使用用户也逐步增长，很多商家也发现了其中的商机，纷纷抢占市场，一股微信营销的浪潮开始袭来。小程序作为微信的功能之一，以其无须安装、用完即走的优势，迅速成为各大商家的首选营销平台，小程序帮助商家做营销的方法如下所示。

1. 小程序支持优惠券

"优惠券"是一个刺激顾客短期消费的工具，可以达到增加销售量的目的，以具体金额或者折扣等形式发放。根据商家不同的需求,优惠券分为折扣券、满减券、代金券、兑换券等多种类型。商家在小程序里增加了优惠券营销活动,例如用户首次进入小程序会有一个专属的新人优惠券,消费时可以直接抵扣现金。具体操作如下所示。

第一步:打开微信,在微信的发现栏目找到小程序入口,在搜索栏输入"互惠小助手",点击进入。如图 1.35 所示。

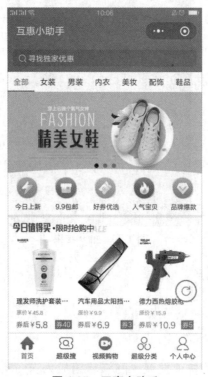

图 1.35　互惠小助手

第二步:在搜索框输入想购买的商品名称,找到商品点击领券后购买,会跳出来"已自动复制淘口令,请打开手淘购买"的提示。如图 1.36 所示。

第三步:打开手机淘宝 APP,会跳出领取优惠券的宝贝链接,点击"打开"进入领券页面,点击"立即领券"领取优惠券。如图 1.37 所示。

第四步:添加购物车后,跳转到付款界面,发现符合要求的优惠券后,系统会自动抵扣。下单前一定要看金额是否减少,确认后即可下单,如图 1.38 所示。

反面案例:天猫淘宝等各大商城的优惠券,一般领取后都有一定的使用条件,如满 199 减 99,满 99 减 10 等,优惠券的设置就是为了让买家多买几件,提升销量,有时买家为凑单不得不买下自己无需求的商品。如图 1.39 淘宝商城某宝贝满减活动。

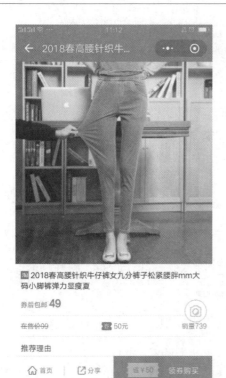
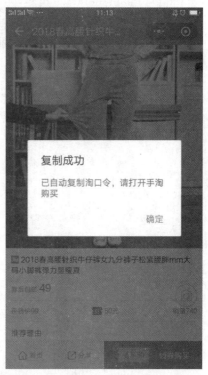

图 1.36　领取优惠券

图 1.37　打开领券页面

图 1.38　确认订单

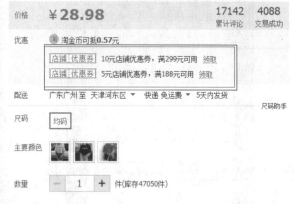

图 1.39　满减活动

2. 小程序做售后服务

一般情况下,用户购买的商品损坏,都要去翻阅说明书或者打电话报修,流程很烦琐。微信小程序的扫码售后系统的出现,不仅提高了售后服务的质量,提高客户体验,而且可以为企业小程序引流,增加新产品的曝光率。具体如图 1.40 所示。

图 1.40　售后服务

第一步：扫码查看商品信息。商品的详细信息以及售后服务信息通过二维码记录，消费者通过扫码可知道商品详细信息。如图 1.41 所示。

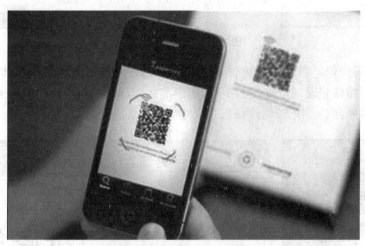

图 1.41　扫码查看商品信息

第二步：扫码预约安装。消费者购买商品后，通过扫码预约上门安装，安装人员进行抢单，如果没有人抢单，系统平台就会随机安排安装人员。相比打电话预约安装用户的体验更好。如图 1.42 所示搜索"净水设备售后服务中心"小程序，点击"上门安装"。

图 1.42　扫码预约安装

第三步：扫码维修。当商品出现故障时，通过小程序扫码进入售后系统，维修员上门维修并且做扫码售后维修记录，包括时间、型号、出现的故障、维修员、维修次数等一系列售后维修记录。如图 1.43 所示，点击"预约维修"。

图 1.43　扫码预约维修

（1）小程序入口简介

想要利用小程序营销，首先要找到小程序的入口，小程序自上线以来，流量入口不断更新，截至目前其入口已经增至60多个，比如发现页面中的入口、线下扫码、微信搜索、历史记录等。入口介绍具体如图1.44所示。通过以下几种入口方式进入小程序，用户完成小程序使用需求，当不使用该小程序时，长按小程序，出现"删除"按纽，点击"删除"，删除无需求小程序。

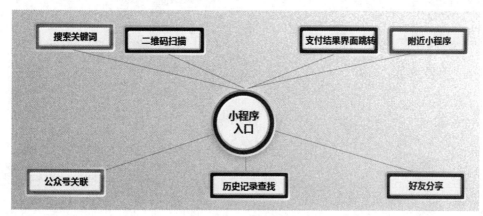

图 1.44   小程序入口

（2）寻找微信小程序的入口

①搜索关键字启动小程序

发现页面会有一个小程序的入口，但是只有使用过小程序的用户才能解锁，对于未使用过小程序的用户调试出小程序入口具体操作如下所示。

回到微信客户端首页。在搜索框内输入已发布的小程序名称，点击搜索按钮，搜索相应的小程序。如输入"小程序示例"，会出现一个"S"型的小程序示例，点击进入。如图1.45所示。

回到微信"发现"界面，看到页面中多了一栏图标为斜着"S"符号的小程序。如图1.46所示。

②二维码扫描添加

在商店等各大平台都可能看到小程序二维码，只须打开微信，使用扫一扫功能，就能进入微信小程序。如图1.47所示。

③公众号关联

公众号可以与小程序相关联，并相互跳转。可以通过公众号进入绑定的小程序。微信公众平台绑定小程序示例、小程序数据助手等多个小程序，如图1.48所示。

而且当公众号关联小程序时，可将关联消息推送给公众号粉丝，粉丝点击该消息就能直接进入到小程序。如图1.49所示。

④历史记录查找

使用过的小程序，都能保留下记录。再次使用时，直接在发现页面里点击"小程序"即可查找历史小程序，并且查到的小程序以其使用先后排序。如图1.50所示。

图 1.45 搜索关键字启动小程序   图 1.46 小程序入口

图 1.47 二维码扫描添加

图 1.48　公众号关联

图 1.49　进入小程序

图 1.50　历史记录查找

　　用户也可以通过下拉的动作,唤出任务栏,点击"…",打开最近使用过的小程序或进入小程序历史列表。如图 1.51 所示。

　　⑤附近小程序

　　商家将线下门店设置成线上小程序,附近 5~10km 范围内的顾客都可搜索到商家的小程序。如图 1.52 所示。

图 1.51　进入小程序历史列表　　　　图 1.52　附近小程序

⑥好友分享

　　好友分享也是小程序的一大流量入口,好友将自己体验良好的小程序转发或分享到朋友圈,可以直接点开或识别二维码进入小程序,如图 1.53 所示。

图 1.53　好友分享

点开微信聊天详情可以看到与好友聊天分享过的小程序。如图1.54所示。

⑦通过支付结果界面跳转小程序

用户用微信支付成功后,就会在支付凭证上收到一个小程序的入口,点击可以跳转到对应该商家开发的小程序。如图1.55所示。

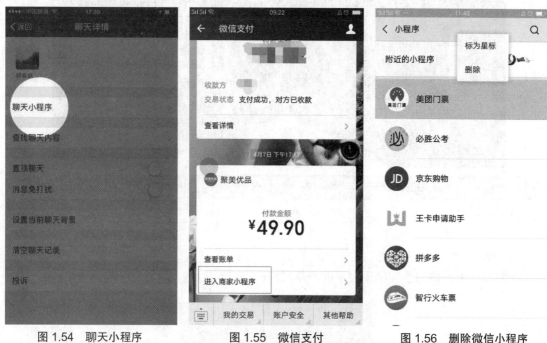

图 1.54　聊天小程序　　　　　图 1.55　微信支付　　　　　图 1.56　删除微信小程序

(3)删除微信小程序

找到想要删除的小程序,长按小程序,出现"删除"按钮,点击"删除"。注意:删除的不只是小程序,还有使用小程序产生的数据。如图1.56删除微信小程序。

【拓展目的】

熟悉微信营销的优势,具有使用微信小程序营销的能力。

【拓展内容】

通过本任务提供的产品,自行设计营销方案,分别通过传统方式、小程序营销,对比分析实施效果。

【拓展步骤】

(1)通过传统营销

下图所示为提供的营销产品,通过传统的方式营销设计一套方案,并进行营销,最后分析营销效果。

产品	锁定目标人群	宣传时间	宣传地点	具体实施方式	实施效果
春季女装					

（2）利用微信小程序营销

下图所示为提供的小程序平台上的产品，设计一套营销方案，最后分析营销效果。

产品	锁定目标人群	宣传时间	宣传地点	具体实施方式	实施效果
春季女装					

（3）对比效果

对比传统营销与微信小程序营销,分析小程序营销的好处。

营销方式	运营成本	宣传形式	宣传效果	实施效果
传统营销				
小程序营销				

　　本章介绍了微信营销的基本概念,通过本章的学习可以了解微信营销的概念,分别以朋友圈的商机、微信公众号的商业价值、微信小程序的新机遇来熟悉微信带来的好处,掌握与其他营销模式相比微信营销的优势。

wechat	微信	pay	支付
supermarket	超市	account	账号
shake	摇一摇	voice	语音
Drift bottle	漂流瓶	circle	圈子

一、填空题

　　1. 微信是于 2011 年 1 月 _____ 公司推出的一款支持发送语音、视频、图片和文字的手机聊天软件,其由 _____ 所带领的团队研发。

　　2. 随着市场的不断扩大,微信提供了公众平台等,其中微信公众平台提供了服务号、订阅号、_____ 和企业微信。

　　3._____ 与服务号都属于微信公众号,但两者有一定的区别。

　　4.1 个月内仅可以发送 _____ 条群发消息,消息显示在对方的聊天列表中。

　　5. 微信小程序具有 _____、无须卸载等特点。

二、简答题

　　1. 请写出至少三点服务号与订阅号的区别。

　　2. 请写出微信营销的优势,并具体介绍一下。

【本章小结】

　　通过本章的学习,是否掌握了相关技能点,是否对微信以及营销有了新得认识,根据实际情况完成下表的填写。

本章学习小结	
本章主要讲解了什么	
未掌握的知识技能	
学习本章掌握了什么	
关于营销谈谈自己的想法	
是否完成本章操作	☐ 正常　☐ 提前　☐ 延期
学习心得	
备注	

第二章 认识产品价值

通过认识产品价值,了解微信的产品定位类型,熟悉微信营销的产品内容设计规范,掌握如何利用微信营销的产品特性吸引用户,具备分析产品价值的能力,能够根据用户需求准确介绍产品,提高营销能力。在任务实现过程中:

- 了解微信营销的产品定位。
- 熟悉微信营销的产品内容设计。
- 掌握微信营销的产品特性。
- 具备分析产品价值的能力。

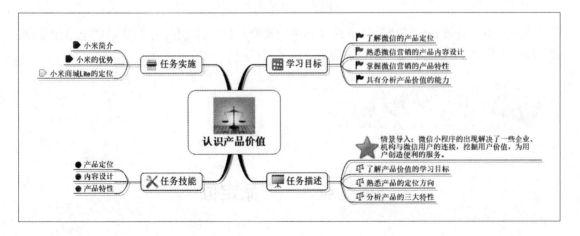

【情境导入】

微信拥有庞大的用户群体,但一些企业、机构的营销人员在营销前期对产品了解较少,并且对产品的定位、内容、特性等没有准确的概念,这样就会导致在营销过程中失利,无法取得消费者的信任。因此,在推广小程序的前期,我们需要了解其定位、功能、特性以及具有的价值等,这样才能更详细地为用户介绍我们的产品,从而使推广更加顺利,效率更高。本章主要通过小米商城 Lite 的定位、产品内容的设计、产品特性、产品价值等知识点的介绍,学习如何高效地为用户进行产品的介绍,达到优质的推广效果。

【功能描述】

本章主要分析"小米商城 Lite"案例在营销实践中正确运用,实现步骤如图 2.1 所示。

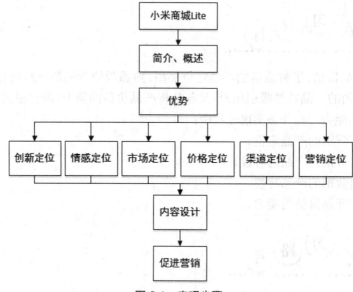

图 2.1 实现步骤

通过"小米商城 Lite"的案例,介绍了小米的简介和优势,阐述了小米产品的全方面定位,并详细介绍了"小米商城 Lite"的内容设计。

技能点 1 产品定位

产品定位是指企业根据目标消费者和商家的实际情况,从而确定产品的经营结构和产品的具体指标,包括产品的种类、市场、价格、服务等。而在微信营销的前期,需要先对其产品进行了解。

1. 产品定位简介

在微信营销产品的初始阶段,明确产品的类型是至关重要的。可以让营销人员了解企业产品并认识企业,这样有利于营销过程中对产品的介绍,使该产品在用户心中具有良好的形象,被越来越多的人认可,促进营销的快速发展。

2. 定位类型

微信产品需要准确的定位,才能提升产品在消费者心目中的地位。小程序的定位类型包括品牌型、吸粉型、销售型、服务型和媒体型,如图 2.2 所示。

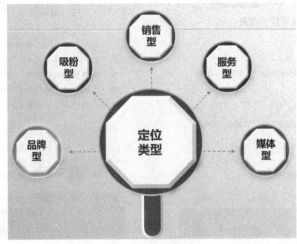

图 2.2　定位类型

（1）品牌型

品牌型小程序定位的核心是为了让用户全面了解和认识企业。主要适用于有品牌展示、业务展示、产品展示等需求的企业。企业品牌的关键是将品牌灵魂展现给用户,具体的手法有品牌故事、品牌特色、品牌价值等。如"牛商网"小程序,该程序的主要目的是营销网站和小程序等,如图 2.3 所示。

展示品牌的同时,展示企业的精、气、神,以及企业的实力、背景、团队风貌、团队文化、发展故事等是展示企业形象的关键。展示业务的差异化是展示业务产品的关键,如该公司的业务或产品与同行有什么不同,具有什么特性等。如图 2.4 所示为"牛商网"小程序中公司介绍界面。

"牛商网"小程序通过销售自己制作的网站、小程序、云空间等,将自身的品牌、公司的良好形象完美的展示给用户,为公司发展和壮大奠定了良好的基础。

（2）吸粉型

聚集潜在用户是吸粉型小程序的目的,这类小程序仅从名称判断与普通小程序是联系不到一起的。

例如:一个名字叫"爱弹唱"的小程序,从名称上看,更像个娱乐型小程序。而实际上,这是一款教育培训的小程序,它的目的是教用户如何正确地弹奏一首曲子。

搜索小程序"爱弹唱",点击进入该小程序,首页显示当下流行的歌曲列表,如图 2.5 所示。

图 2.3　品牌型的小程序

图 2.4　"牛商网"小程序

　　点击列表中的任何一首曲子，都会显示该曲的详细信息，包括选调、前奏、间奏、节奏型等。如图 2.6 所示为"橘子女神"用吉他弹奏的详细信息。

图 2.5　歌曲列表

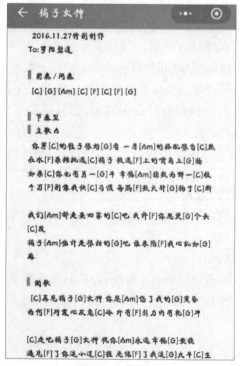

图 2.6　弹奏信息

此小程序的目标用户以音乐爱好者为主,像演唱者、弹奏者、乐器爱好者等,所以开发者围绕目标用户的需求,开发了这一小程序。

通过案例,发现围绕目标用户的需求来设计是吸粉型小程序的特点,它的主题内容是站在用户的角度出发的,甚至是用户主动去寻找的。内容的出处不重要,关键是符合用户需求和喜好。

(3)销售型

网购发展迅猛,越来越多的用户青睐于在移动端进行网购,因此小程序也可以作为一个销售平台来使用,如图2.7所示为"唯品会"小程序商城界面。用户可根据自己需求购买相应的商品。

图2.7 "唯品会"小程序

销售型小程序与销售网站的建设理念是相同的,一个销售型小程序需要具备以下五个要点。

● 展示力:展示产品独特的卖点、优势。

● 公信力:让用户对所在企业、产品产生信任。

● 说服力:通过设置页面使用户对产品产生强烈的购买欲望,进而促成订单。

● 引导力:如果用户不主动成交,那么就引导用户咨询、收藏或者转发。

● 推广力:使页面具备推广性,在网页端,能够在搜索引擎中获得排名;在公众号中,主要体现在账号中要设计能够引导用户口碑传播的策略及内容。

"唯品会"主营化妆品和流行服饰,展示了其产品独特的卖点和优势;物流方面,用户在购买完产品以后,可享受唯品会自家的快递服务,让用户对企业和产品更加信任,从而吸引更多的用户;每逢各种节日到来之际,唯品会就会推出各式各样的优惠活动,能激起用户的购买欲望;合理的页面布局设计,能引导用户咨询、分享和购买;此外"唯品会"经过多年的发展,已经得到大家的认可,现在可从各大小网站中看到"唯品会"的宣传语。

(4)服务型

服务型小程序,目的是给用户提供优质的服务,增加用户的消费体验或产品体验,继而提升口碑。

这个服务可以是售前、售中、售后服务,甚至可以提供公众服务。企业可根据自身实际的业务情况、用户需求等来策划服务内容,如咨询服务、答疑服务、投诉服务、维修服务等。

如图 2.8 所示为"58 同城生活"小程序界面,该小程序提供的服务范围有:找工作、兼职、二手车、房产、生活服务等。

图 2.8　"58 同城生活"小程序

在设计服务内容时可以分为两个方向。

● 原来通过线下或互联网上提供的服务转换成移动互联网的形式会更快捷,让用户体验更好。比如投诉报修、产品真伪验证等,在手机上操作更方便、快捷。

● 结合移动互联网的新特性、新技术、新优势,设计一些新的服务。例如对于连锁类的企业,就可以利用移动互联网的定位技术,设计寻找附近的分店、寻找附近的客服、寻找附近的服务人员等功能。

(5)媒体型

媒体型旨在将小程序当成一个媒体去打造和运营。通常各媒体的官方小程序,都属于此类。同时对于想打造自媒体的企业、个人,非此类型莫属。

媒体型与之前的定位类型相比是最难建设的。要打造一个媒体型的小程序,首先要确定所面对的对象。其次是围绕目标的特点和需求,明确媒体属性。最后是内容方向,例如:社会新闻、时事新闻、军事新闻等。

具体以什么为特色,要根据目标用户的特点,结合同类账号来策划。比如以尖锐的观点、原创、访谈、网友提问、八卦消息为特色等。如图2.9所示为"腾讯新闻"小程序的界面。

图2.9 "腾讯新闻"小程序

"腾讯新闻"小程序是仿照其APP开发的一款媒体型小程序,主要实时向用户推送一些热点新闻、八卦、视频等,符合各年龄阶层的用户。

3. 定位的应用

定位类型确定后,着重考虑的问题是如何在现实中应用它,要知道在我国,最不缺的就是市场,产品的发展取决于市场定位,其市场定位的准确与否,关系到产品推广的成败。优质的产品,必须要有好的市场定位,任何差错,都有可能导致全局皆输。市场定位要参考目标人群、消费力、消费特点、销售渠道、传播方式等因素,只有市场定位准确了,才能成功推广,小程序也是如此。

"今日头条"根据自己的优势,瞄准市场,推出自己的小程序,该小程序是根据今日头条APP全方位打造的一款媒体型小程序。不仅能够给用户全天候提供实时的国内外新闻,而且还提供了一个展示自我的自媒体平台,可以说是一个较全面型的小程序。

在微信小程序中搜索"今日头条",点击进入以后,发现该小程序与今日头条APP在内容设计上几乎一样。如图2.10所示为该小程序首页。

用户除了可以滑动上边的导航栏,浏览现有系统推介的频道,还可以点击右上角的"+"选择添加其他感兴趣的频道,满足了不同用户的需求。如图2.11所示为点击"+"以后的界面。

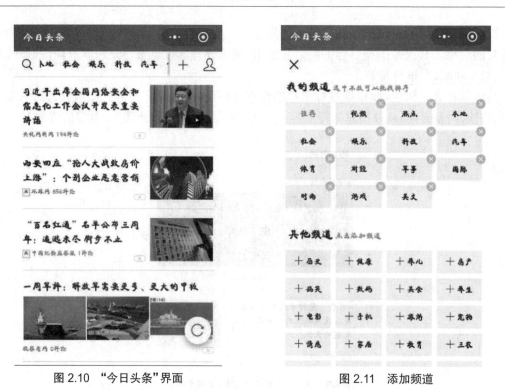

图 2.10　"今日头条"界面　　　　　　　图 2.11　添加频道

"今日头条"定位类型如表 2.1 所示。

表 2.1　"今日头条"定位类型

	品牌型	吸粉型	销售型	服务型	媒体型
推介	✓	✓	✓	✓	✓
视频		✓			✓
热点		✓		✓	
本地			✓	✓	
娱乐		✓			✓
科技	✓	✓	✓		✓
汽车	✓		✓	✓	
时尚	✓			✓	
游戏		✓			
……					

通过上表发现"今日头条"小程序,体现了所有定位类型,这是受用户欢迎的重要原因。

该小程序最具特色的部分,当属导航栏中的"视频"了,该部分与今日头条 APP 的"视频"数据同步,内部的视频有搞笑、军事题材、记录生活、自媒体拍摄等,符合吸粉型和媒体型。用户可以在今日头条 APP 中玩转自媒体,拍摄搞笑段子或者其他的一些教学类视频等,这一功能几乎满足了所有用户的需求,这使得每个用户都可以圆当导演、当演员的梦。作者只要拍完视频,并上传完成,用户就可以通过小程序的"视频"频道进行观看、评论,省时省力还省手机内存。如图 2.12 所示为视频列表。

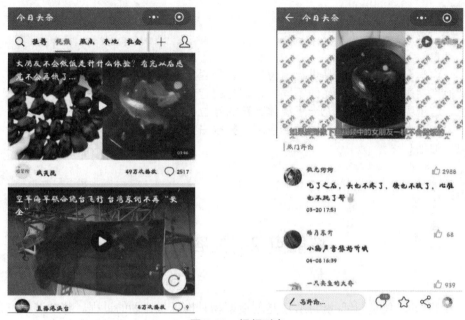

图 2.12 视频列表

同时作者也可通过该小程序查看自己的粉丝数量和自己收藏的一些小视频,如图 2.13 所示。

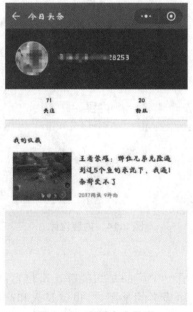

图 2.13 查看个人信息

"今日头条"小程序从媒体型定位出发,向多媒体、自媒体多方面发展,得到越来越多用户的认可,值得其他品牌参考和学习。

快来扫一扫!

当你学会了为微信产品进行定位后,你是否觉得你还有余力为其他产品进行定位。产品的不同,自然它的定位方式也是不一样的。这里呢要给大家扩充一下整体的产品定位,增加知识面,方便大家在以后的营销过程中灵活应用。扫描右方二维码一探究竟吧!加油!

技能点 2 内容设计

内容设计,并不仅是图纸的绘制,还是创造事物时构思与计划的过程。整个过程中会涉及物品相关的所有因素,包括价值、材料、实用性、美观、用户需求等。因此产品的内容设计直接关系到该产品的命运。

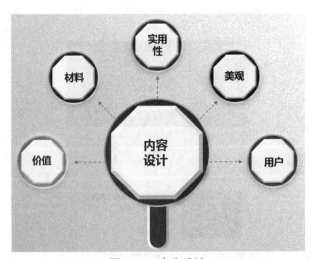

图 2.14 内容设计

1. 内容设计简介

用户体验效果的好坏决定着一个产品是否能够正常运营,而内容设计是用户体验中不可缺少的部分。我们在工作中关注最多的是用户,也就是人和产品之间的交互。而设计时也要关注当前的时代环境。优质的内容不仅能解决用户的需求,而且内容展示更是与用户消费密不可分。通过网上商城可以发现,其内容主要包含四部分信息:文字、商品、图片和多媒体。如图 2.15 所示。

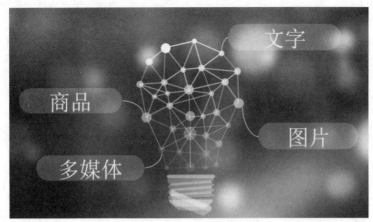

图 2.15　网上商城包含信息

2. 内容设计规范

通过网上商城、微信公众号、小程序等可以发现,内容设计方面主要侧重于文字、商品、界面美化、多媒体等方面。以小程序为例,经整理可知,内容设计规范具体分为以下几点。

（1）账号名称

小程序的名称对于粉丝增长率以及在用户心目中的定位是非常重要的。因为无论是用户在第一次搜索小程序名称,还是在使用后打开小程序的时候,首先看到的都是小程序的名称,很容易会形成先入为主的印象。小程序取名所注意事项如表 2.2 所示。

表 2.2　小程序取名注意事项

案例	易记住,能迅速传播	目标关键词	区域名称	名字长短适当	避免生疏、冷僻词	用词精准
斗地主	✓	✓			✓	✓
天津河东律师			✓		✓	
北京地铁助手		✓	✓		✓	
特价机票	✓			✓	✓	✓
儿童游戏大全		✓			✓	
腾讯新闻	✓	✓		✓	✓	✓

根据上表内容可知,在为小程序取名时,遵循以下几个原则。

①易记住,能迅速传播

无论是传统互联网,还是移动互联网,特点就是传播速度快。小程序的名称必须要好记、能够迅速传播,才能为以后的宣传推广打下坚实的基础。如图2.16所示,为"忙鲜农特商城"小程序搜索结果,给用户的第一感觉就是它的名字不容易记忆。

图2.16 "忙鲜农特商城"小程序

②目标关键词

在微信中打开小程序界面,点击页面中的搜索图标,用户可以通过关键词来查找自己感兴趣的小程序。例如,用户想玩斗地主游戏,又不想下载APP,只要在小程序搜索框中搜索"斗地主",便可显示出所有斗地主的小程序,用户只要点击即可进入游戏。如图2.17所示为斗地主小程序搜索列表。

③区域名称

因为微信是基于地理位置服务的平台,所以大多数小程序的目标群体都是某个特定区域的微信用户。在取名时,最好加上区域名称,比如北京旅游攻略、天津公考网等。这样才能有效地获得精准的目标用户。如图2.18所示为搜索天津市河东区小程序列表。

④名字长短适当

太长的名字不会引人注目,长名字首先会给用户啰唆的感觉,会产生不专业的印象,粉丝量自然不会很高。太短的名字一是没有特点,二是过于宽泛,没有针对性。如图2.19所示小程序名称,部分名称太长。

⑤避免生疏、冷僻词

大部分的用户都是通过搜索来查找小程序的。如果小程序的名字过于生疏、冷僻,用户在搜索的时候就会遇到困难,搜索率自然不会太高,当然粉丝数也不会太高。如图2.20所示为"厷武太极"的小程序,对于一般人而言不认识"厷"(gong读三声)字的人有很多。

⑥用词精准

宽泛的名字通常搜索率和粉丝量都很低,精准到位的关键词检索才能使用户更快捷、更简便地找到,名字是为关键词搜索服务的。比如用户希望获取的路况信息通常是某个区域的,比如北京、深圳等具体的城市,取名为"深圳路况查询",才能锁定用户群体。如图2.21所示为关于儿童的小程序列表。

图 2.17 "斗地主"小程序列表

图 2.18 天津市河东区小程序列表

图 2.19 小程序列表

图 2.20 "厷武太极"的小程序

图 2.21　关于儿童的小程序列表

（2）功能介绍

小程序功能的介绍是用户了解小程序的一种方式。好的功能介绍，能使用户第一时间记住这个小程序，激发起用户对于这个小程序的热情。小程序可通过以下几点进行功能介绍。

● 明确为用户提供的服务，或者为用户创造的价值。

● 把服务与价值用简单、直白、有吸引力的语言描述出来。

如图 2.22 是"北京地铁助手"小程序，它的介绍是"可导航，提供多路线多选择，计算时间，可提示人流量，有效避开高峰期"等；图 2.23 是"北京南站"小程序，它的介绍是"高铁第一站，高铁时刻表查询、余票查询、小红帽预约、网约车预约、轮椅预定"等，两者都简洁明了地把自己的功能展现给用户，方便用户选择。

（3）引导信息

用户点击进入小程序后，通常都会有提示来引导用户操作小程序，这些提示可以是文字、图片或动画，是小程序与用户之间的第一次交流、互动。

引导语有两大作用：一是引起用户的注意，使其产生良好的第一印象；二是给用户提供一个操作方式，让其了解应该如何使用小程序。

①态度热情真诚，语言诙谐风趣

对待每一位点击小程序的用户，一定要态度热情、真诚，对用户表示热切的欢迎与鼓励，让用户感受到充分的尊重与重视。

②告诉用户下一步应该怎么做，能做什么

用户之所以点击该小程序，就是希望能够获取信息或服务。所以每一个小程序需要有引导语来提示用户，告诉他们下一步该怎么做，能做什么。例如：关注去哪儿网的微信公众账号之后，它会发送一段欢迎语。之后回复订票，就可获得相应的订票方式。如图 2.24 所示为美篇小程序首页,该小程序的主要功能是给用户提供一个制作微信邀请函的平台。点击进入以后,提示用户进行创作。

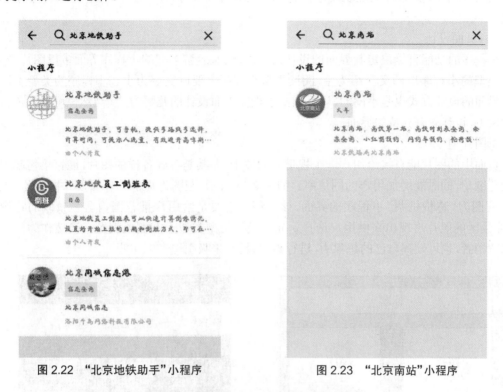

图 2.22 "北京地铁助手"小程序　　　　图 2.23 "北京南站"小程序

图 2.24 "美篇"小程序

③为用户提供帮助,解决问题

在引导语中,要尽可能地表现愿意为用户提供帮助的热情与希望。这样,小程序才更有价值。

(4)页面设计

小程序的功能直接决定其界面的设计格式。例如,旅游类型的小程序界面多以图片为主,制作类型的小程序以图文介绍为主,阅读类型小程序主要以文字为主。小程序的类型不同自然其界面的设计方式也是不同的,以下列出小程序界面设计的几种方式(当然也可以发挥自己的想象力,设计更有独特的界面)。

①图片型

页面中的图片能直接给用户一个视觉上的冲击,尤其是各式各样的图片,能直接勾起用户的浏览欲望,同时能增加用户的回访率。如图 2.25 所示,左图为提供的界面设计框架图(供参考),右图为"特价机票"小程序的界面,该小程序主要是给用户推荐国内著名景区的特价机票,将景区的照片展现出来供用户选择。界面设计类型类似于左侧框架图。当然作为一个合格的营销者,也可发挥自己的想象力,进行界面设计,来吸引更多的用户。

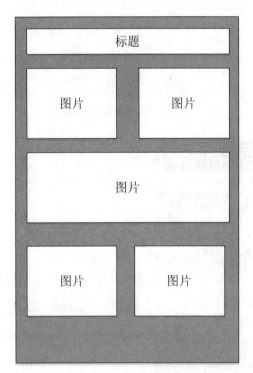

图 2.25　"特价机票"的小程序

②图文结合型

页面内容以图文形式展示的小程序其类型大多是媒体型和操作型,将文字和图片相结合呈献给用户,不仅能表明作品的逻辑结构,更能提升作品的信服度。如图 2.26 所示,左侧为图文结合界面框架图(供参考),右侧为"腾讯新闻"小程序展示的新闻列表,都是以图文相结合的形式进行展示,与框架图类似。

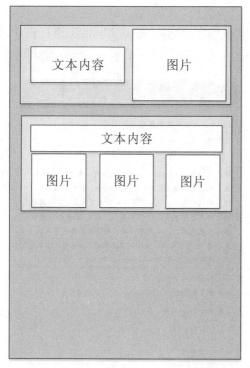 

图2.26　"腾讯新闻"小程序

③文字型

页面内容以文字型展示的小程序多以学习型和阅读型为主,展现给用户的全部以文字为主。当然在设计过程中也要讲究技巧,不能长篇大论,这样给用户的第一感觉就是,没有头绪,甚至放弃阅读。所以要合理地划分段落、添加标题等,使得界面井然有序。如图2.27所示,左侧为文字型界面设计框架图(供参考),右侧为"Java学习资料"小程序界面,该小程序界面文字条理清晰,整体感觉良好,能激起用户的阅读兴趣。

(5)正文内容

微信营销的关键在于有价值的内容。小程序传递的内容能够为用户带来帮助并产生情感共鸣,自然而然就会被推广、分享、传播等。

小程序展示内容首先应充分考虑到企业文化、产品特点、行业特点、用户习惯、社会价值等,除此之外,还要讲究方式方法,注意方法如表2.3所示。

通过以上内容的学习,掌握微信小程序内容设计的要领,主要有名称设计、功能介绍、引导信息、页面设计、正文内容等。能够独立完成微信小程序界面内容的设计为本节的主要目的。结合对《微信小程序项目实战》的学习,完成小程序"东航旅行"的设计。具体步骤如下所示。

第一步:小程序名称的设计,在创建项目时,遵循账号名称设计规则,不采用生僻字,名称简单易记等,给小程序命名为"东航旅行",如图2.28所示。

第二步:明确该小程序的功能,它主要是用来订购飞机票的。

第三步:页面的设计。仿照常用订票软件的界面设计。以用户的角度出发,界面要精简实用,不仅要解决用户的出行问题,还要帮助用户处理住宿问题。页面规划为三部分,从上到下依次为单程/往返选择、酒店选择、人数添加。完成如图2.29所示的主界面设计,并实现相关功能。

注意:在设计小程序页面时,首先要明确定位该小程序的功能,根据实际情况进行设计,可以采用创新的方式,但是不推荐使用太个性的设计,以满足客户需求为根本目的进行设计即可。

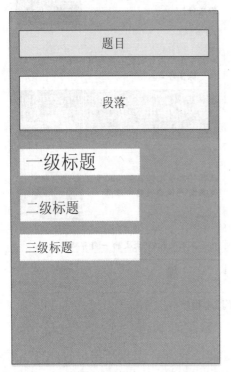

图 2.27 "Java 学习资料"小程序

表 2.3 注意方法

方法	介绍
言简意赅	现代社会,每个人都很忙,时间非常宝贵,虽说很多人都喜欢玩微信,但随着信息量的剧增,通常情况下一个人不会有耐心看完一条上千字的微信内容
情感真挚	微信内容是一个企业的文化乃至一个人的人格的折射。如果微信内容能够展现丰富的感情、展现对人性的关怀,用户才会受到感染,内容才能得到更广泛的传播
个性创意	个性是最难把握的一个原则,所以企业发布的微信内容要自成体系,在报道方式、内容倾向上有特点并且长期保持一致,这样才能让用户有一个系统和直观的整体感受,使企业微信比较容易被识别
图文并茂	小程序支持文字、图片、语音、视频等多种方式的信息,在创作中,一定要注意图文并茂,增加可读性

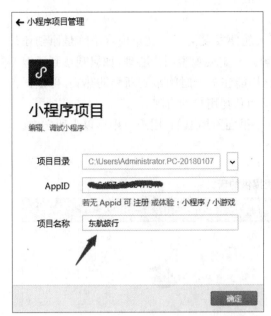

图 2.28 命名小程序

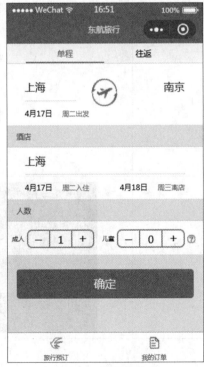

图 2.29 主界面设计

3. 内容设计应用

内容设计规范明确以后,对于如何运营好一个小程序,内容设计是关键,那么如何能编辑出吸引用户的内容呢?

（1）首先不用太纠结是否原创

不要把自己简单地定义成一个小编，只是每天随便发发文章。文章内容不管是原创还是编选，首要的任务是为粉丝持续提供有价值的内容。一定要观察用户心理，如果观察到了但不会写，你就需要和原创作者们保持良好的合作，这样能在第一时间拿到新鲜的热文，再根据自己的创意或者原创提供的意见进行搭配并发布，从而获得用户的青睐。

表 2.4 所示内容是从"幽默搞笑看这里"小程序里面所摘取的，用户可根据以上所学内容，自行搭配标题、内容和图片，组合成一则搞笑段子。

表 2.4　小程序里提供的素材

标题	内容	图片
哈哈！神来之笔啊！	饼干的由来（还记得这个被说烂的梗吗?）	
绝对被萌到，哈哈哈……	这样的小学生作文，扎心了……	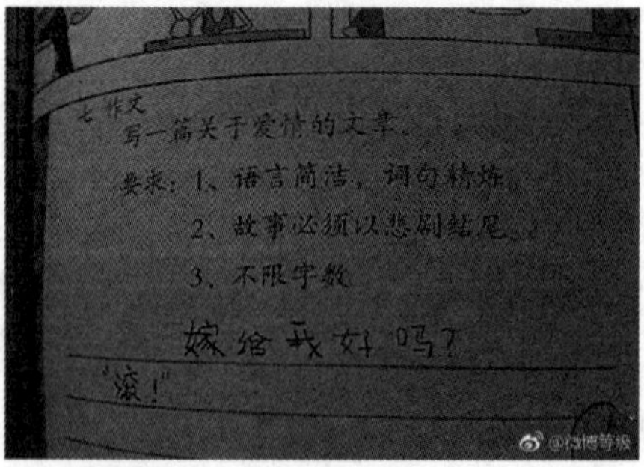

续表

标题	内容	图片
大尺度的漫画,看完竟然被治愈了!	其实,世界不是非黑即白,观点也是,任何时候不要那么偏执……	

如图 2.30 所示为根据上表标题、内容及图片组合而成的一则搞笑段子。

图 2.30　"幽默搞笑看这里"的小程序

(2)把精力用在提高内容价值上

花费大把时间去排版一篇文章,不一定比得过言简意赅的一段话。

(3)时刻关注粉丝反应和数据走向

一篇文章发表后,粉丝有什么反应?说了什么?有粉丝评论吗?这些都是粉丝最直接的反馈,这样才知道自己的内容是不是符合粉丝的品味。如图 2.31 所示为"幽默搞笑看这里"小程序粉丝的留言。

图 2.31　粉丝留言

你是否已经通过自己的搭配，完成了一个界面的设计？你是否对小程序界面内容的设计意犹未尽？其实想要设计出一款受欢迎的小程序，除了遵循昵称吸睛、功能齐全、页面靓丽等设计规范外，还有许多要注意的事项。扫描右方二维码，揭开其另一面神秘的面纱。

技能点 3　产品特性

产品特性是产品基本功能的特征，其分为有形的产品特性（外观、用途、材质）、无形的产品特性（体现在给用户的感知和体验）。产品的特性也是企业用来竞争的一种有力武器，许多企业都积极地寻求用户体验良好的产品特性，只要能够率先生产出满足用户需求的产品，就相当于拥有了一件制胜的法宝。

1.产品特性简介

良好的产品特性是吸引用户的关键,对比微信公众号(订阅号、服务号)的订阅、传播、推广功能,小程序的核心功能在于服务,其摒弃了公众号吸引用户关注来获取足够的流量,而是聚焦于服务,提供一些原本 APP 才可以实现的功能。

2.产品特性

微信创始人张小龙在微信的公开课上表示:微信小程序有"无需安装、触手可及、用完即走"等特性。如图 2.32 所示。

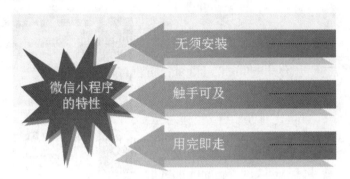

图 2.32　小程序特性

(1)无须安装

小程序是一种不需要下载安装即可使用的应用,其内嵌于微信中,使用过程中用户无需在应用商店下载安装,节省了手机内存,而且其体验感与原生 APP 相差无几。

例如:"猫眼电影"小程序为广大影迷提供了直接购票的入口,用户打开微信,搜索猫眼电影,点击进入猫眼电影小程序,如图 2.33 所示。

该小程序首页显示当前热映的各大流行电影,用户可以滑动列表进行浏览,如图 2.34 所示。

如果有感兴趣的电影可点击进去查看详情,界面详细列出该电影的信息,包括产地、导演、演员表、内容简介等,如图 2.35 所示。

在看完电影简介之后,该小程序与其 APP 一样,同样可进行购票、智能选座,并且小程序可以为用户推荐观影的最佳座位,进一步提升用户购票体验,如图 2.36 所示。

对于大多数人来说,看电影肯定不是个高频的行为,"猫眼电影"小程序不仅满足用户低频行为的需求,而且方便用户直接在线购票且不需要单独下载一个 APP,对于这类不常使用的服务,使用"轻装上阵"的小程序无疑是最好的解决方案。

(2)触手可及

正如张小龙所说"当我们需要的时候它刚好出现",这也是微信小程序出现的初衷,即让用户的每一种需求都能即刻被满足。目前小程序已经渗透到各行各业,用户通过扫描二维码、微信搜索、朋友分享等方式直接进入小程序,实现线下场景与线上应用的即时联通。小程序的到来就好像用户看到一盏灯,想要控制它,只须用智能手机对着它扫一扫,然后控制这盏灯的应用程序就已启动。

例如,在去银行办理业务时,免不了排队,等待的时间总是难熬,用户体验自然不好。商家也尝试过推出 APP 改善用户的体验,但 APP 下载时间长、要求高还占内存,无法第一时间满足顾客的即时需求,用户接受度很差。小程序的介入,帮助银行解决了用户排队时间长的问题。

用户可以在小程序上点击预约后先去做其他事情,当发现自己排号接近时再去银行办理业务。避免了排长队等候,从根本上改善了用户的体验,提升银行运营效率。同时"工行服务"的小程序涵盖了网点查询、自助银行查询、可预约网点查询等功能,充分满足了用户的核心需求。如图 2.37、图 2.38 所示。

图 2.33　搜索"猫眼"小程序

图 2.34　电影列表

图 2.35　电影详情

图 2.36　选座购票

图 2.37　排队小票

（3）用完即走

小程序的价值在于当用户主动寻找产品时可以随时找到、随时使用。而当用户不需要时也不会为将其卸载而烦恼。自首批小程序上线以来，以用完即走的便利性和良好的用户体验，迅速吸引了大批用户，并受到用户的好评。

例如，作为首批上线的小程序，摩拜单车的成功有目共睹。在使用小程序摩拜单车时，直接进入小程序无须安装，使用后也无须卸载，使用结束后直接退出即可。并且小程序摩拜单车的功能基本和原生的摩拜单车 APP 差不多，同样提供定位、登录、开锁等最基本的功能。着力于满足用户的基本功能需求后，又具有小程序用完即走的特性，故而用户就会选择小程序中的摩拜单车，目前摩拜单车的新增注册用户超过 50% 都是来自微信小程序。

微信打开"摩拜单车"小程序，会自动搜索周围停放并可以使用的单车，以醒目的红色图标显示单车位置。如图 2.39 所示。

图 2.38　工商银行预约排号小程序

图 2.39　"摩拜单车"小程序

　　点击"扫码开锁",扫车身后面二维码,开锁骑行。到达目的地,停放单车后进行关锁。退出摩拜小程序即完成一次骑行。如图 2.40 所示。

图 2.40　"摩拜单车"扫码开锁

"小米商城 Lite"案例分析

（1）小米简介

小米是我国一家专注于智能硬件、智能家居和软件开发的公司。小米公司从 2010 年创办以来，一直保持着令世界惊讶的增长速度。从最初发行的第一款小米手机到如今电器、数码产品及软件等，小米的产品得到了越来越多人的认可，尤其是小米手机，已经被国际设计认可。如图 2.41 所示为小米官网的首页。

图 2.41　小米商城首页

（2）小米的优势

小米公司的迅速发展得益于小米产品的优良特性，主要体现在外观设计、硬件配置、操作流畅、性价比较高等。例如在硬件配置方面，小米首款智能手机采用双核 1.5GHz，运行内存 1GB，电池容量 1930mAh，摄像头像素 800 万的小米手机是最为瞩目的，与同期其他品牌的手机相比，综合排名位于榜首，一次次刷新了人们心目中硬件的高度。同时在产品创新设计方面，小米一直处于领先地位。如图 2.42 所示为小米首款智能手机参数。

手机	CPU	内存	电池	屏幕	摄像头（像素）	定价（RMB）
小米手机	双核 1.5GHz	1GB	1930mAh	4.0 吋 854X480	800 万	1990
HTC SENSATION	双核 1.2 GHz	768MB	1520mAh	4.3 吋 960X540	800 万	3575（水货）
三星 GALAXY S2	双核 1.2 GHz	1GB	1650mAh	4.3 吋 800X480	800 万	4999
MOTO ATRIX ME860	双核 1.0GHz	1GB	1930mAh	4.0 吋 960X540	500 万	4296
LG OPTIMUS 2X	双核 1.0GHz	512MB	1500mAh	4.0 吋 800X480	800 万	2575（水货）

图 2.42 产品硬件配置

（3）"小米商城 Lite"的定位

小米手机得到越来越多人的认可，能拥有一部小米手机也变得潮流起来。小米官方为了满足广大用户的需求，特推出了"小米商城 Lite"小程序，该小程序的定位是通过微信营销小米旗下的所有产品。如图 2.43 所示。

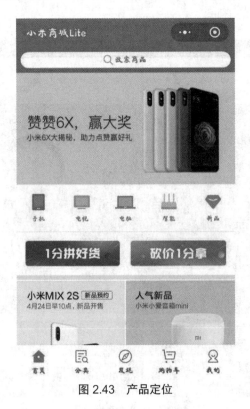

图 2.43 产品定位

为了让更多的用户从了解小米产品到认识小米产品再到使用小米产品，小米从创新、情感、市场、价格、渠道、营销等多方面定位产品。

第一步：小米的创新定位。在电子产品更新换代频率较高的时代，小米产品始终走在创新的前列。

例如，小米最新发布的手机"小米 MIX 2S"，采用最新骁龙 845 旗舰处理器、AI 双摄像头、全面屏 + 四曲面陶瓷、8GB+256GB 等，可谓性能王者中的王者。CPU 最高主频 2.8GHz，相比上一代，提升了 30%。此外添加了大家最喜欢的"小爱助手"语音助理，一句话搞定手机复杂操作。例如,开车时发微信、做饭时打电话、睡觉时一键关灯等。那些挪不开手做、嫌麻烦不想做的事儿,全部都可以交给专为小米 MIX 2S 优化的"小爱同学"。如图 2.44 所示。

图 2.44　小米 MIX 2S

与之相似的其他品牌手机还没有做到如此境界,比如在手机运行内存方面,目前市场上大多数品牌手机的运行内存为 6GB,语音助手也没有"小爱同学"那样智能。

第二步:小米的情感定位。产品在设计之初,不仅要考虑它的功能、创新、实用等,更注重的是与用户之间的情感。在情感定位方面,小米可谓考虑周到。

从起名说起,雷军说:小米手机的由来,表示小米拼音是 mi,首先是 Mobile Internet,小米要做移动互联网公司;其次是 mission impossible,小米要完成不能完成的任务,当然,我们希望用小米和步枪来征服世界;最后,"小米"这个亲切可爱的名字给人第一感觉就是亲切可爱、大方、宛如朋友且它的名字切近生活,容易被人记住。如图 2.45 所示。

图 2.45　小米

另外,在 LOGO 设计方面是倒立少一点的心,少一个点,意味着让用户省一点心,寓意帮助用户解决困难,让用户更省心。如图 2.46 所示。

图 2.46　小米 LOGO

　　第三步:小米的市场定位。中国人口众多,手机的使用数量非常大,小米根据年龄分析,精准地推出适合固定年龄段的品牌手机,使自己的品牌得到用户的认可。随即在家电等方面推出新产品,迎着口碑,逐渐扩大市场。如图 2.47 所示为小米 1 和小米 2 手机。

图 2.47　小米 1、小米 2

　　在该小程序上,从用户的多方面需求出发,分类展示小米旗下多种产品,如图所示为"小米商城 Lite"展示的多类型小米产品,有多种不同性能的手机产品。如图 2.48、图 2.49、图 2.50 所示。

　　第四步:小米的价格定位。电子产品竞争激烈的今天,苹果的营销方案是饥饿加高价疗法。通过限制销售量,暗示本产品供不应求,激起人们的好奇心和从众心理,秉着物以稀为贵的态度,抬高价格。

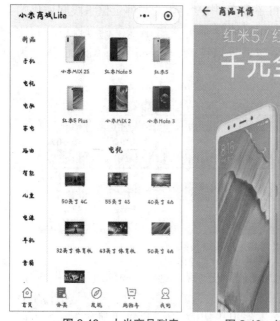

图 2.48　小米商品列表　　　　图 2.49　红米 5Plus　　　　图 2.50　小米 MIX2

　　然而小米的策略恰好与之相反,以饥饿疗法加低于一半的价格,直接打破国外手机垄断的市场格局。要知道在价格方面,低价对高配手机的杀伤力是很大的,可见小米对自己的产品有足够强的信心和市场分析。如图 2.51 所示小米部分手机价格。

图 2.51　小米手机价格

　　小米满足了客户对高品质低价位的诉求,赢得了客户,用差异化的品牌定位手段同质化的竞争,在广阔蓝海里收获丰厚的利润。如图 2.52 为 2018 年第一季度小米手机海外市场同比去年的增长率(IDC 发布的第一季度智能手机全球销量报告:小米排在全球第四,出货量为2800 万台,同比增长高达 87.80%)。

公司	Q1 2017出货量（百万）	Q1 2018出货量（百万）	同比去年涨幅	份额
Samsung	80.1	78.2	-2.40%	23.40%
Apple	50.8	52.2	2.80%	15.60%
Huawei	34.5	39.3	13.80%	11.80%
Xiaomi	14.8	28	87.80%	8.40%
OPPO	25.8	23.9	-7.50%	7.10%
Others	138.3	112.7	-18.50%	33.70%
Total	344.4	334.3	-2.90%	100%

图 2.52　2018 年第一季度海外市场增长率

　　第五步:小米的渠道定位。从手机营销渠道演变的历史来看,随着产品的进步与更新,产品的生命周期从产生到成长再到成熟的过程也带来了营销渠道的变革。当小米还是个初生者的时候,通过渠道和运营商的谈判难度是很大的,不能很快达成合作,这需要观察小米的实际销售情况。

　　小米通过线上售卖的方式,省掉了后面的市场和渠道成本,对于小米,这大大地节约了成本,对于消费者,节省了跑实体店的时间,如图 2.53 所示为最新小米 8 在该商城进行销售。

图 2.53　小米通过线上售卖

第六步：小米的营销定位。每一种产品都有自己的营销方式，小米对自己产品营销的定位主要体现在以下几种方式。

高调的发布会。新手机推出之前，每次都会在北京举行一场酷似苹果的发布会。而且在发布会前，会通过各种媒体渠道，宣传新手机，让更多的用户所熟知，激起他们对发布会的强烈期盼性，然后再高调举办发布会。如图 2.54 所示为小米新手机宣传视频的截图，图 2.55 为小米发布会。

图 2.54　小米新手机视频宣传图

图 2.55　小米发布会

稀有的工程机。小米手机的正式版本尚未发布前，它的工程机会首先发布，目的是为了预售工程纪念版，吸引米粉。因为工程机是限量生产的，具有唯一的纪念珍藏编码，购买成功的米粉，将获得小米终身荣誉会员勋章一枚。而且拥有工程机的用户可以申请免费换一台全新的量产机，但是不会再拥有小米终身荣誉会员勋章。如图 2.56 所示为小米工程机。

图 2.56　小米工程机

制造媒体炒作的话题。"小米手机是偷来的"这一说法一直在网上流传。如果小米手机的一些创意真的是偷来的,那么用户对它的热度自然会下降。如图 2.57 所示是在小米手机 MIX 2S 在发布前,雷军在微博发表了一张用该手机拍的照片。

图 2.57　制造媒体炒作的话题

犹抱琵琶半遮面。每次透漏的消息都是半遮半露的,给人以猜测。每次小米手机工程机秒杀结束后,没有资格参与活动的米粉都迫不及待地等着后期正式版。然后再放传言,正式版预订限量 ×× 台,而且还需要积分达到 ××× 分才有资格预订等。这时小米论坛或者相关微博中米粉会吵翻天。小米的这些营销策略也是煞费苦心。如图 2.58 所示是雷军微博下,"米粉"针对 MIX 2S 的热烈讨论。

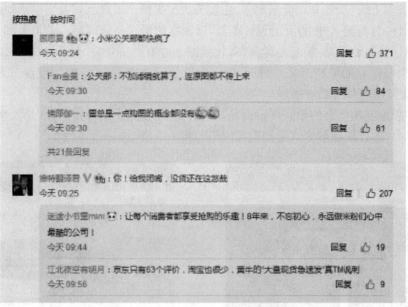

图 2.58　针对 MIX 2S 的热烈讨论

小米对自身产品的全方面定位,促使了小米产品的不断发展与壮大。

第七步:"小米商城 Lite"小程序内容设计。

该小程序的设计充分从自身产品出发。在名称设计上使用"小米"关键字,用户只要输入"小米"即可。如图 2.59 所示。

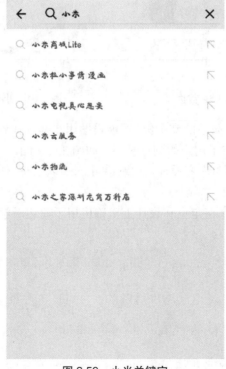

图 2.59　小米关键字

"小米商城 Lite"功能介绍简洁明了,主要为大家提供小米产品以及官网活动信息等。

页面设计,与商城 APP 的页面设计类似,以图文的形式显示商品。首页上部为搜索框,供用户搜索自己需要的商品,接着是轮播图,轮播图下边为产品分类,有手机、电视、电脑、智能以及新品,然后是推荐的最新产品,底部分为五个部分,有"首页""分类""发现""购物车"以及"我的"这几部分。如图 2.60 所示。

页面中以图文相结合的形式展示商品,给用户一个视觉上的冲击,尤其是大家都感兴趣的各类电子产品,这样的展示方式更能激起用户的购买欲望。如图 2.61 所示。

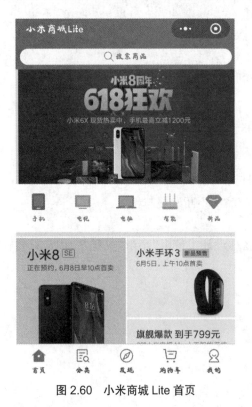

图 2.60　小米商城 Lite 首页

图 2.61　小米商城 Lite 图文结合

再者就是"商品图片 + 简单的文字叙述"能帮助用户准确找到感兴趣的产品,及时了解产品的价格、配置等信息,节省了用户的浏览时间。如图 2.62 所示。

正确的产品定位、丰富的内容设计,在提高"小米商城 Lite"使用量的同时,进一步促进了小米产品的营销量。

"小米商城 Lite"小程序在定位和设计上正确应用了前边所学的技能点,具体体现如下表2.5 所示。

图 2.62 小米商城 Lite 图文展示

表 2.5 "小米商城 Lite"的体现

技能	体现
品牌型	经过多年的发展小米已经成为用户认可的品牌
吸粉型	小米非常高的性价比吸引了众多的"米粉"
销售型	该小程序主要功能就是销售小米产品
账号名称	账号名称设计规范,用户只要搜索"小米"即可显示
功能介绍	在初次进入"小米商城 Lite"时,有该小程序的功能介绍
页面设计	页面设计合理,能向用户体现出产品的特性
无须安装	只要在微信小程序中点开即可使用
用完即走	用户在浏览或者购买完产品后,关掉微信即可

【拓展目的】

熟悉页面内容设计的要领,掌握独立设计的能力。

【拓展内容】

通过本任务提供的图片，自行设计界面，达到如图 2.63 所示效果。

图 2.63　拓展界面

【拓展步骤】

（1）提供素材

表 2.6 所示为提供的一些素材图片，可选择表中图片或者自己查找相关图片进行界面设计，达到理想效果。

表 2.6　素材图片

（2）页面框架图

下图为展示的页面效果的框架图，可参考该框架结合上表图片设计页面。如图 2.64 所示。

图 2.64　界面框架图

（3）实现效果

使用素材图片结合框架图，完成相关界面的设计，实现整体效果。

本章介绍了微信营销的产品价值，通过本章的学习可以了解微信产品的定位，分别以内容设计规范和内容设计应用来熟悉微信营销的产品内容设计，以案例的方式掌握产品特性，学习之后能够分析微信营销的产品价值。

product	产品	positioning	定位
brand	品牌	marketing	营销
features	特性	O2O	电子商务名词
design	设计	account	账号

一、填空题

1. 产品定位是指企业根据 ＿＿＿＿＿ 的实际情况，而确定产品的经营结构和产品的具体指标，包括产品的种类、质量、价格、服务等。

2. 作为一名微信营销人员，对微信产品的定位至关重要，准确的定位，能提升产品在消费者心目中的地位。小程序的定位分为品牌型、吸粉型、＿＿＿＿＿、服务型、＿＿＿＿＿。

3. 定位类型确定以后，着重考虑的问题是，如何在现实中应用它，可以从 ＿＿＿＿＿、价格、广告等方面进行考虑。

4. 内容设计规范具体分为账号名称、＿＿＿＿＿、引导信息、＿＿＿＿＿、正文内容等几点。

5. 微信小程序有"无需安装、触手可及、＿＿＿＿＿"等特性。

二、简答题

1. 以"双十一"某产品促销活动为题材，请写出能想到的软文标题（至少 3 条）。

2. 如果可以选择某个行业（比如：服装、餐饮、IT、教育、娱乐等）进行微信小程序营销，你会选择什么行业，目标群体是谁，为什么？

【本章小结】

通过本章的学习，是否掌握了相关技能点，能否独立完成相关页面内容的设计，对产品价值的认识是否有新的见解。根据实际情况完成下表的填写。

本章学习小结	
本章主要讲解了什么	
未掌握的知识技能	
学习本章掌握了什么	
关于页面内容设计自己的想法	
是否完成本章操作	☐ 正常　☐ 提前　☐ 延期
学习心得	
备注	

第三章　微信营销策略

通过微信营销策略,了解微信营销定位目标人群的方法,熟悉目标人群调研的方式,掌握微信营销的目标与计划的实现,具有应用微信营销策略能力,能够根据产品准确定位目标人群并制订相应的目标与计划,提高营销能力。在任务实现过程中:

- 了解定位目标人群的方法。
- 熟悉目标人群调研的方式。
- 掌握营销目标与计划。
- 具备应用营销策略的能力。

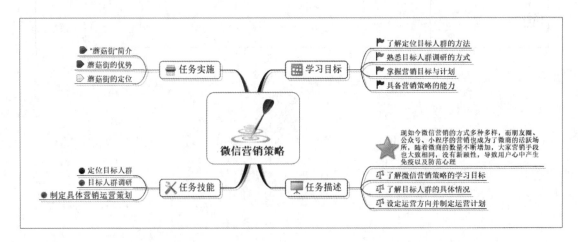

【情境导入】

现如今微信营销的方式多种多样,而朋友圈、公众号、小程序的营销也成为了微商的活跃场所,随着微商的数量不断增加,大家营销手段也大致相同,没有新颖性,导致用户心中产生免疫以及防范心理。因此在营销过程中要精准地定位用户,然后根据用户的真实情况制订相应的目标与计划。本章通过"蘑菇街"案例从定位目标人群、目标人群调研、设定营销目标与计划入手,介绍了如何准确定位用户、制订完美计划,从而达到优质的营销效果。

【功能描述】

本章主要讲解"蘑菇街"案例在营销实践中正确运用,实现步骤如下图 3.1 所示。

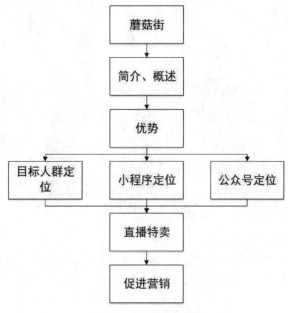

图 3.1　"蘑菇街"案例

通过"蘑菇街"的案例,介绍了蘑菇街小程序的简介与优势,阐述了蘑菇街对目标人群以及营销平台的定位,并详细介绍了"蘑菇街"小程序直播特卖的形式。

技能点 1　定位目标人群

定位目标人群对于产品营销至关重要。无论哪一个行业,在开始运营之前都需要定位目标人群,定位目标人群不只是定位目标人群的性别、年龄等基本特征,还需要定位目标人群的偏好、性格等心理特征。

1. 目标人群简介

从查看产品到购买传播这一段距离里的人群,都可称为目标人群。目标人群是对产品感兴趣的用户,精准定位目标人群可以使微信营销更容易成功。不同的产品有着不同的目标人群,结合自身对于产品的了解以及对于公众平台的期待,找寻符合产品的目标人群。如图 3.2所示。

图 3.2　目标人群

2. 目标人群定位标准

微信营销过程中,在确定产品定位之后,对人群进行定位。定位目标人群主要从人群的基本特征和心理特征两部分进行定位,在定位好之后,对目标人群进行调研,对目标人群的需求进一步了解。

(1)根据人群的基本特征定位

在定位目标人群时,首先看到的就是用户的表面特征,可从人群表面看出来的特征即为人群的基本特征,包括:性别、年龄、地域、收入等。通过观察人群的基本特征可以简单地了解人群的信息。如图 3.3 所示。

图 3.3　人群基本特征

①性别

男女在生理特征上存在根本不同,所以在家庭教育、所处的社交网络等方面都有着很大的差异,这使得男性与女性在审美观念上不太一样,在选择商品以及对商品的要求也有很大的不同。如图 3.4 所示,可以看出男性与女性对颜色的要求都有很大的区别。男性只是简单地区分颜色,女性则更注重细节。

图 3.4　男女在颜色上的差异

②年龄

每个人都会经历生老病死,这是无法避免的。在这段生命路程里会经历四个时间阶段:少年时期、青年时期、中年时期、老年时期,而在这些阶段中,对事物的追求会有所不同,少年时期主要以学习为重,对事物只关注新鲜性;青年时期主要以工作为主,追求事物的个性;中年时期以处事为重,对事物的品质更加注重;老年时期享受生活,对外在的事物都不太在意。如图 3.5所示。

③地域

地域是自然因素与人文因素相互作用形成的一定空间。虽然地域内部有相似性,但是地域之间还是具有明显的差异性。不同的地域有着不同的生活习惯,对产品的需求更是有着很大的不同。如图 3.6 所示,在餐饮方面,南方人经常吃米饭而且爱吃甜,北方人则更喜欢面食。

④收入

工作最主要是为了优越的生活品质,收入的多少可以决定生活品质的高低,因此收入的不同会使得人们在选择产品的标准上有很大的差异。如图 3.7 所示,收入的不同,人们选择的休闲方式也是不一样的。

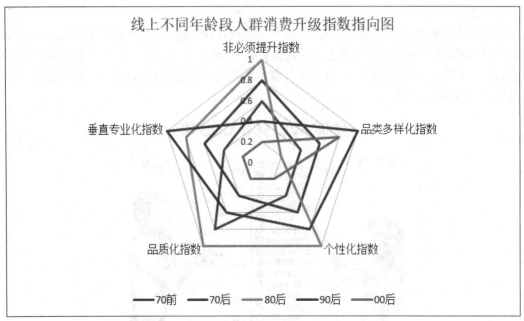

图 3.5　不同年龄段人群消费指数

图 3.6　南北方餐饮差异

图 3.7　收入不同的人的休闲方式

（2）根据人群的心理特征定位

确定了人群的基本特征之后,就需要对人群进行深一步的了解,这时需要了解人群的心理特征。心理特征是一个人长期心理活动表现出的特征。生活方式以及所处社会阶层对个人心理特征的形成有很大的影响。如农村的儿童在购买生活用品时会关心花了多少钱,城市里的儿童在购买时就挑品质最好的购买。心理特征外在的表达方式为个人的性格以及其他的偏好。在根据心理特征定位目标人群时可以从生活方式、社会阶层、性格以及爱好这四个方面来分析。如图 3.8 所示。

图 3.8　心理特征

①生活方式

生活方式是一个相当广泛的概念,它包括人们的衣、食、住、行等物质生活,以及价值观、道德观等精神生活。生活方式的表现主要是人们在闲暇时间的活动以及物质消费方式。不同的人在物质条件制约与价值观驱使下会开展不同的满足自身生活需要的活动。健康的生活方式可以改善我们的生活质量、提高身体的健康程度和生命质量。如图 3.9 所示,是一个人在冲浪,刺激的活动可以使你释放和消解在生活中产生的不良情绪。

图 3.9　冲浪

②社会阶层

社会阶层是按一定的因素把全体社会成员划分为地位不同的社会集团,决定社会阶层划分的因素有职业、成就、财务等。不同社会阶层人群对于支出模式、休闲活动以及购物方式等方面的要求都存在着差异。如图 3.10 所示为不同的社会阶层,根据工作与财务情况把人群分为了六部分。

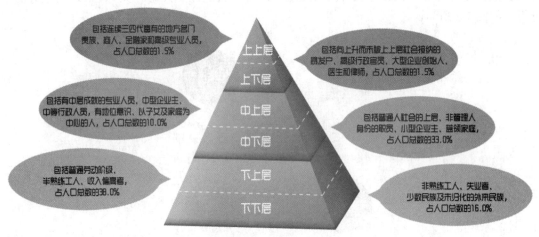

图 3.10　人群分类

③性格

世界上没有完全相同的两个人,即使外貌相同,性格也不尽相同,因为性格是在后天经历社会生活的过程中逐渐形成的。所以即使是由一个受精卵发育来的双胞胎,因为其后天社会环境因素的影响,也会在其性格上产生差异。性格在一定程度上可以展现出人的心理特征,性格开朗的人心里就比较健康,性格内向的人心里可能就会有些自卑。如图 3.11 所示,一对双胞胎,相貌相同但是穿衣风格却截然不同,这就是在长期的社会生活中慢慢形成的。

图 3.11　双胞胎的穿衣风格

④偏好

偏好是个人对于某一方面的特别爱好,并不是绝对的,而是相对的一种概念,是人们内心的一种情感与倾向。引起偏好的感性因素多于理性因素,例如,年轻人在失恋或者创业失败等伤心难过时,理性地知道喝酒不是一个好的方法,但是感性上他们现在只想喝酒。如图 3.12 所示为当下最流行的两大移动支付工具,对于偏好不同的用户来说,选择的工具也不同。

图 3.12 移动支付工具

(3) 目标人群需求

确认目标人群后,需要对他们的需求进一步分析。一般而言,单个用户在某方面的心理需求是单一的,但是要根据场景的不同将单一的心理需求分为多个小需求,如:每周都会去电影院的用户需求是观影,根据其所处场景将观影分为观影决策(电影选择)、购票(选座、美团、淘宝)等几个小的需求,因此需要进一步洞察和分析目标人群对事物需求的差异性与相似性。

①目标人群需求相似性

目标人群的相似性指的是相同的目标人群对事物需求相同的一种特性。在相同的环境和文化背景下生活,容易形成相差不多的消费习惯以及价值观,这类人群对于事物的要求大致相同。在这种情况下,运营者不再需要对人群进行划分,而是研究这一群体的特征,进而了解到这类人群的真实需求。如图 3.13 所示,可以看出老年人群的需求就是相同的,他们都是比较关心医疗、保健等方面。

②目标人群需求差异性

目标人群的差异性指的是相同目标人群对事物需求不同的一种特性。在微信营销过程中,可以把需求相同或类似的人群归到同一组内,了解这类人群之后不需要再去进行特别的分析。而需求不同的人群需要进行更详细的了解,他们可能因为地域、爱好、消费习惯以及购买原因不同,造成对产品的价格、款式以及质量要求的不同。这类人群需要运营者根据对目标人群的调查进行更为详尽的分组。如图 3.14 所示,用户可能因为生活习惯、消费行为不同所以有着不一样的产品需求。

图 3.13　老年人群的需求

图 3.14　目标人群的差异性

3　定位目标人群方法

在了解到定位目标人群的重要性之后,应考虑在产品营销之前如何准确的定位,只有准确地定位目标人群,营销才能成功,小程序营销也是如此。

"途牛旅游"是一款旅游小程序,该小程序界面设计简洁明了,用户使用方便,共有酒店、机票、火车票、汽车票、船票等产品入口,满足用户出行、住宿以及游玩的需求。下表为"途牛旅游"小程序根据人群的基本特征进行定位分析,如表 3.1 所示。

表 3.1　定位分析

	性别	年龄	地域	收入
酒店				✓
出行方式		✓	✓	✓
景点门票	✓	✓		✓
……				

　　途牛提供的酒店有许多种：经济型、舒适型、高档型和豪华型，且价格不等。不同阶层的用户可以选择合适的住宿环境，如图 3.15 所示。

　　由于用户的出行需求不同（如年龄大的用户会选择舒适的出行方式，收入低的用户会选择便宜的出行方式），途牛有多种出行方式，有利于用户的选择，如图 3.16 所示。

图 3.15　酒店选择　　　　　　　　图 3.16　出行方式选择

　　不同的用户喜欢的景点也不尽相同，如儿童喜欢儿童乐园，女性喜欢浪漫、温情景点，男性喜欢刺激、欢乐景点，年长的用户则更喜欢城市观光、欣赏风景，途牛提供了不同景点的门票供用户选择，如图 3.17 所示。

图 3.17　门票选择

　　任何一家商家,在运营前,都需精准地定位目标人群,精准的定位可以有效地对商品进行销售,吸引更多的用户。

技能点 2　目标人群调研

　　调研就是通过各种调查方式收集人群的信息并进行统计分析,进而研究人群的总体特征。问卷调查就是一个很好的调研人群的方式。在公交站台、电影院等人群聚集的地方,去做一个问卷调查,随后进行统计分析,就可以了解用户的基本喜好,从而确定目标人群。在微信营销时,也可以使用这种方法来进行调研。如图3.18所示,就是问卷调查形式的一张简单的试卷。

　　1. 调研目标人群

　　对目标人群的调研是进一步了解目标人群的方式。清晰地了解目标人群,准确地把握其喜好,对于微信营销来说是非常重要的,其有助于营销时内容的定位,推送方式的选择以及后续的推广。

　　2. 调研方向

　　进行营销时,目标人群定位好之后,需要对这一部分人群进行深入的了解,了解目标人群对于微信营销人员来说至关重要,其可以决定营销的方式等。那么应该从以下几方面来对目标人群进行调研呢?

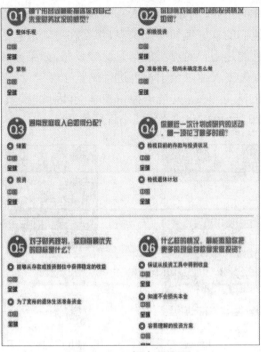

图 3.18　目标人群调研

（1）内容类型

做营销时需要更新内容来吸引顾客,这时候就需要考虑定位的目标人群对什么样的内容感兴趣。内容类型有很多种,娱乐、美食、旅游等。根据产品的特点与目标人群的喜好来确定更新内容的类型。在确定内容类型时,首先要与自己营销的产品形象相符合,然后再根据目标人群的喜好添加。如图 3.19 所示。

图 3.19　内容类型

　　不同的人喜欢不一样的东西,例如,有的人喜欢看笑话,有的人喜欢看娱乐新闻,在阅读型的小程序当中只要根据他们的喜好编辑更新消息,那么在更新消息后,用户们就会积极地阅读以及分享。同时需要注意的是用户对哪类的信息比较反感,如果更新了用户反感的内容,用户可能会对这个小程序严重失去兴趣以至于不再进行浏览。

　　美食不仅仅是简单的味觉享受,更是一种精神享受,因此"美食天下"小程序选择的内容类型为"美食"。如图 3.20 所示为"美食天下"小程序界面。

图 3.20　"美食天下"小程序

　　"美食天下"小程序就是为喜欢做饭以及打算学习做饭的用户所开发的,在这里面有各种菜式以及详细的做法,并且可以在话题中分享自己做食物的经验以及方法。

　　(2)内容更新

　　确定好内容类型之后,那么就该考虑如何进行更新了。在营销时需要让用户看到你的产品信息,那么就需要通过小程序更新内容,让用户接收到信息进而了解产品。为了留住用户,在内容更新时需要注意的有更新时间、更新频率以及更新形式。

　　①更新时间

　　现在大多数人,每天早上醒来的第一件事情就是查看手机,再者就是晚上下班后或学习后也都会拿出手机去浏览一番。需要考虑用户的生活习惯,所以更新时间尽量为早上六点或者晚上八点到十点之间。如图 3.21 所示。

　　年龄段不同的人查阅手机消息的时间不同,青少年通常喜欢在晚上查阅消息,而中年人喜欢早上起床时查阅消息。根据不同目标人群,在对应的时间更新消息,能提高消息的阅读量与分享率。

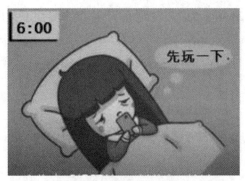

图 3.21　早上翻手机

②更新频率

更新频率指的是每天更新消息的次数,更新消息次数太多会让用户感到反感,最坏的结果可能是用户对平台取消了关注;当然,更新消息少了用户也会有所抱怨,感觉这个平台只是一个摆设,并没有什么用处,在这个平台上不会获得什么知识或者资讯。所以更新的频率一定要把握好(新闻类小程序除外,因为每天的新闻是随时随刻都在更新)。如图 3.22 所示为"美食天下"的小程序,更新和推介美食的频率是相对较慢的,不仅要更新营养健康的美食,而且注重季节的变化。

图 3.22　"美食天下"小程序

③更新形式

更新的形式不只是一篇文章,也可以是一张图片、图文并茂或者短文本的形式,更新形式的关键在于可以引发读者的兴趣,从而使读者有想要点进去阅读的冲动。在此时更新的标题就显得尤为重要。如图 3.23 所示为"美食天下"小程序主界面下拉所展示的内容,简短的描述配上图片,瞬间就会吸引很多美食爱好者的目光。

图 3.23 "美食天下"小程序

（3）参与活动方式

在确定好内容类型与内容更新后,这时候就需要与用户进行交流了,那么如何与用户建立良好的关系呢? 在营销过程中,想要与用户处好关系,就需要投其所好,打造一些好玩的游戏或者优惠活动,来拉近与用户之间的关系,在营销过程中开展的优惠活动,用户在线上微信端、线下实体店与团购等方式参加。

①在微信端参加活动

在微信端参加活动方便快捷,足不出户就可以把东西买到自己的身边。在线上微信端参加活动的方式中,拼多多是一个例子。拼多多成立于 2015 年,是一家专注于拼团的社交电商平台。拼多多平台上线未满一年,单日的成交额即突破 1000 万,付费用户数突破 2000 万。在拼多多小程序里买东西时,用户可以通过与家人、朋友、陌生人等拼团获得商品,在微信端使用"拼多多"小程序参与活动步骤如下。

第一步:打开"拼多多"小程序,如图 3.24 所示。

第二步:选择要参加的活动。如图 3.25 所示。

图 3.24 "拼多多"小程序

图 3.25 活动页面

第三步:在选择后的商品详情界面点击"马上抢"或"发起拼单",如图 3.26 所示。

图 3.26 活动详情

第四步：付款后，分享给好友或好友群，如图 3.27 所示。

图 3.27　好友分享

最终用户将以低价格，获得优质产品。通过在微信端参加活动方便用户快速消费，即使用户不在浏览网上商城，在浏览消息时，若遇到正好需要的商品，也会购买。

②团购活动

团购是根据薄利多销的原理进行的活动，商家可以给出实体店团购折扣和单独买享受不到的优质服务，而且用户可以自行组团。在微信营销时，可以应用团购的方式来吸引众多人群的眼光，并且实现用户主动传播。

"美团"是成立于 2010 年的团购网站，同年在上海站首次上线，据目前不完全统计，美团网城市分站的数量已经有 200 多个。美团网为消费者发现最值得信赖的商家，并且让消费者享受优惠的服务。美团网现在关联了小程序，实现了线上线下的结合，在线上订购，在线下消费。使用"美团"进行团购活动步骤如下。

第一步：打开"美团"小程序，如图 3.28 所示。

第二步：选择需要团购的商品分类，如美食、电影、酒店住宿等。图 3.29 为选择"美食"跳转到美食列表界面，美团具有定位功能，显示的均为所在位置附近的美食（位置可以自己选择）。如图 3.29 所示。

图 3.28　"美团"小程序

图 3.29　美食列表

第三步：选择餐厅，跳转到餐厅详情界面，查看团购套餐。如图 3.30 所示。

图 3.30　餐厅团购套餐列表

第四步：选择团购的套餐，付款后出现优惠码。如图 3.31 所示。在线下实体店里直接出示优惠码即可用餐。

图 3.31　团购优惠码

通过团购，用户可以花费较少的金钱，享受同样的待遇，这样可以吸引更多的用户，运营者应该明白，自然增长的用户是有限的，推出活动是增加用户的重要手段。

3. 实现调研目标人群

调研目标人群后，我们可以了解到有关于用户更加准确的信息，从而使营销效果事半功倍。

"腾讯视频"是一款移动视频小程序，其目标人群包括了大部分人群，不仅有针对儿童的动漫，也有针对年轻人的偶像爱情，还有针对老年人的军旅抗战等，下表为"腾讯视频"小程序调研方向，如表 3.2 所示。

表 3.2　同类分析

内容类型	更新时间	更新频率	更新形式	参与活动方式
热门综艺、同步剧场（网剧）	20 点	每周	图文并茂	消息推送
同步剧场（电视剧）	24 点	每天		
热闻一览、短视频	实时更新	每时		
……				

"腾讯视频"小程序分为几个章：首页、短视频等，首页主要展示用户点击量高和正在更新的热播视频，通常采用图文并茂的方式推出。用户根据首页即可了解当下热播剧以及更新情况，如图 3.32 所示。

图 3.32 "腾讯视频"首页

短视频为用户拍摄或截拍并修改后的一段视频,采用实时更新的形式展示给用户,用户下拉界面皆可获得最新视频。并且针对不同需求的用户将视频划分为几大类,用户可自行查看,如图 3.33 所示。

图 3.33 视频浏览

"腾讯视频"小程序将视频进行精准分类,避免了单一需求用户的盲目查找,对视频的及时更新,更是吸引了广大用户。

　　企业的发展离不开用户,根据对用户的调研情况,制定出相关制度是每一个企业都必须经历的。怎样才能生产出符合用户需求的产品呢?这就需要你去市场进行调研了。那么市场调研都有哪些方法呢?试扫右方二维码!

技能点 3　设定营销目标与计划

　　目标是你想要到达的地方,计划就是连接理想与结果的一座桥,计划与目标是相辅相成的,没有计划,实现目标就是一句空话,没有目标,就没有努力的方向。同样在做微信营销时也需要先明确目标,再针对目标做进一步的计划。

1. 营销目标

　　制定营销目标是营销过程中的核心部分,对营销的进行具有导向作用。营销目标要根据营销的现状、消费者和社会的利益、目前的环境因素以及对未来机会的预测等多方面来制定。制定营销目标不仅仅要关注眼前的利益,还需要考虑长远利益。如图 3.34 所示。

图 3.34　不关注眼前的利益

　　在确定了目标人群并且对目标人群有一定了解之后,就应该对自己的发展有一定的想法,这时需要确定自己努力的方向,也就是制定营销的目标。那么应该如何制定目标呢?

（1）制定周期目标

根据平台受关注度、文章转发情况等多方面，制定一定时期内的营销策略目标，作为营销的动力。制定明确的目标，可以让你清楚工作的方向，分清工作的轻重，更加迅速地完成工作。如果没有目标，运营者很容易陷入无序的旋涡，迷失自我。

例如某品牌手机，在生产出新版本手机以后，接着就要考虑如何打开市场，得到更多用户的认可，从而达到销售目标。在此期间营销者要制定出周期性的目标，比如在第一季度达到80万台的销售量，考虑到在第一季度之后市场已经打开，可以在后续的目标中提升预计销售量。这样更能激起员工对工作的热爱。

（2）制定阶段性目标

在制定周期内的营销目标之后，需对目标进行拆分，划分为几个阶段性的运营目标。阶段的目标对工作和学习具有指导作用，让运营者意识到现在在做的工作是为了实现最终的目标，可以让人汇聚更大的动力。阶段性目标是实现最终目标的台阶，只有脚踏实地地走好每一步，才可完成最终的目标。

某心理学家做过实验，他组织了两组人，让他们向着十公里以外的村庄出发。第一组人，没有告诉他们目的地，也不知道要走多远，只让他们跟着向导走，在走了两三公里时，就有人开始问什么时候到达；在走到一半路程时，人们开始抱怨什么时候才能走到村庄；再往下接着走时，已经有人坐在路边不愿意走了；越进行下去，人们的情绪越低落。第二组人，告诉他们目的地的名称、路程，并且每公里路程公路旁都有标志。人们可以边走边看标志，每缩短一公里大家便会有一小阵的快乐。

通过该心理学家做的实验可以看出有目标与没有目标的区别，有目标知道自己想要到达的地方并且在路途中还会有完成小目标的喜悦，而没有目标则会越来越灰心没有动力。

（3）制定目标的方式

目标也不是随随便便就可以制定的，需要根据企业目前所处的阶段以及运营的情况来确定营销目标，那么制定目标的方式主要有以下几种。如表3.3所示。

表3.3　制定目标的方式

名称	介绍	适用于	优点	缺点
利润推动	根据公司对于利润的要求来算出未来一年的营销目标，同时需要加上公司运营所需要的成本	刚刚起步的中小型企业	利润是企业生存下去的必要条件	利润驱动的目标无法为企业提供强有力的支持
简单类比	根据自身或者同行业的销量增长速度及规律进行简单的类比，从而制定未来的经营目标		比利润驱动更前进了一步	如果没有科学的算法支持，简单类比形成的目标最终也只会是流于形式
分类推导	根据公司近几年的营销情况以及对自身价值的合理评估，取得一些专业的相关数据，把相关数据放在一个通用的推导模型中，进行调整和计算，从而得出新的一年合理的营销目标	适用于大多数公司		通过业绩分析与评估、目标确定与分解、目标完成的保证措施及执行条件三个步骤来制定目标，是科学、正确的方法

2. 营销计划

在确定营销目标之后，就需要对自己的营销制订详尽的计划。计划是在充分调查市场环境及相关联的环境的基础之上，遵循一定的方法或者规则，对未来即将发生的事情进行系统、周密、科学的预测并制定科学的可行性的方案。制订计划有利于好习惯的形成，可以让自己严格按照计划高效的完成工作。那么在营销计划中最重要的几个步骤是什么呢？

（1）打造小程序

在营销开始的部分，需要为自己的品牌打造小程序。打造品牌型的小程序是很重要的，类似于人的第一印象，第一印象容易在人的头脑中占据主导的地位。

星巴克是美国一家连锁咖啡公司的名称，在 1999 年进入中国市场，星巴克在全球范围内已经有近 2 万家分店，遍布北美、南美洲、欧洲、中东及太平洋地区。其中，星巴克在中国已经开设了 400 多家门店。星巴克的营销方式一直紧跟时代的脚步，在小程序刚出现时，"星巴克"就为自己的品牌打造了小程序，在小程序里有温馨的页面设计，并且可以点单以及选择祝福卡片，这使得顾客在店内并不需要排长队进行等候，增加了体验感。如图 3.35 所示。

图 3.35　"星巴克"小程序

（2）与粉丝进行互动

在有了属于自己的品牌的小程序之后，可以与公众号关联，从而与粉丝进行互动，不定期的送出一些福利，这样可以给运营者带来更多的引流机会。

不定期发放福利，可以保持粉丝对平台的高专注度以及对平台的期望，使平台与粉丝有更多的互动，粉丝不会因为推送的消息无聊而取消关注。

例如，现在很多做朋友圈营销的微商都会在朋友圈发放一些小活动，点赞就可能得红包、猜对答案有奖等类似的一些活动。那么该如何开展类似的活动呢？

第一步，在刷屏之后或者节假日时，开展小活动。如图3.36所示。

图3.36　与粉丝互动

第二步，在开展活动的第二天，发布活动的结果即中奖的人。如图3.37所示。

第三步，发布中奖结果之后，就会有粉丝前来兑换奖励。如图3.38所示。

图3.37　活动结果

图3.38　兑换奖品

这样的活动可以让粉丝具有参与的欲望,且不会因为平时推送过多关于商品的消息,而取消关注。如果平时没有这些活动,将会导致粉丝基础太弱,粉丝基础弱就会影响到产品的营销。不注重经营与粉丝的关系,将会使营销陷入一个止步不前的境地。

(3)及时宣传富有创意的优惠活动

在营销进行到稳定时期时,需要吸引新粉丝、维护老粉丝,这时富有创意的优惠活动可以帮助到运营者,其不仅可以提高品牌的知名度并且可以使小程序获得更多的访问量。

①优惠活动

开展优惠活动的日期一定要在特定日期里,所谓特定日期就是指某阶段的特殊时节、重大事件发生日、企业的关键纪念日以及传统节假日等。推出的优惠活动与特定日期结合起来,会爆发出令人想不到的效果。

在设计优惠活动中,屈臣氏就是一个很好的例子。屈臣氏是长江和记有限公司旗下的国际零售及食品制造机构。据不完全统计,至今屈臣氏在中国 200 多个城市拥有超过 1000 家店铺和三千万名会员,是中国目前最大的保健及美容产品零售连锁店。屈臣氏除实体店之外还配有小程序的商城,可以让用户足不出户即可买到商品。如图 3.39 所示。

图 3.39 "屈臣氏"小程序

屈臣氏的小程序官方商城在春分过后推出"春日新品盛典"活动,这一活动与刚刚过去的节气气氛相符合,使得人们可以感受到春天的到来。并且优惠活动可以让用户们参与进来,选取自己心仪的产品。如图 3.40 所示。

优惠活动可以吸引用户的注意力,拉动粉丝数量的增长,提升用户的忠诚度。这种方式可以提高与粉丝之间的互动性,提升粉丝的活跃度,可以了解到粉丝内心的想法,打造完美的服务体系。

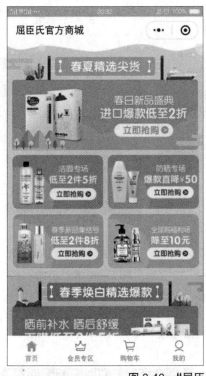

图 3.40　"屈臣氏"推出"春日新品盛典"活动

②有创意的活动

创意是对生活的总结和阐述,它无处不在并且为我们的生活增添了色彩,创意可能只是思维的一个小转弯,但是却给我们带来了精彩。在推出创意活动的方式中,奥利奥是一个很好的例子。"奥利奥"是卡夫食品公司旗下的曲奇品牌,是家喻户晓的一个品牌,是巧克力味夹心饼干的代名词。卡夫食品公司在超过 70 个国家开展业务,在全球聘用约六万多名员工,其产品在全球大约 150 个国家有售。其中,奥利奥于 1996 年进入中国市场,将全世界销售的奥利奥饼干摞起来的长度能够从地球到月球来回 6 次。如图 3.41 所示。

奥利奥的目标人群定位于儿童,儿童最喜欢的就是玩游戏,所以"奥利奥"在推广时都是与"玩"有关的内容。从深入人心的"扭一扭、舔一舔、蘸一蘸"到 2018 年推出的奥利奥新玩法"摆一摆、扫一扫、玩一玩"。奥利奥在推广方面一直都有着自己独特的创意。

3. 制订营销目标与计划

在学习制订目标与计划后,我们了解到了制订目标与计划的方法以及它们的重要性,那么在做营销之前,就需要制订好自己的目标与计划。

小睡眠小程序是一款辅助睡眠的小程序,其利用大自然的声音,在入睡之前制造一个良好的氛围,改善睡眠质量。小睡眠小程序在推广的过程中还有公众号与之相关联,可以进行更好的推广,并且有 APP 版可以下载,使用户更加了解此小程序。如图 3.42 所示。

小睡眠小程序,界面简洁,可以直接选择自己想要听得声音,按"+"可以呼出拓展功能,夜间模式、热门排行等。如图 3.43 所示。

第一步：摇一摇　　第二步：扫一扫　　第三步：玩一玩

拆开一包奥利奥摆好
这可是通往OBOX游戏世界的"钥匙"

打开支付宝AR扫一扫奥利奥
接下来就是见证奇迹的时刻！

如果你已经顺利完成以上操作
恭喜你，OBOX游戏世界的大门已经向你敞开
欢迎进入未来！

图 3.41　"奥利奥"推出创意活动

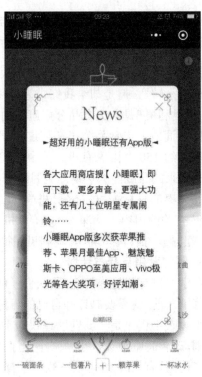

图 3.42　"小睡眠"News

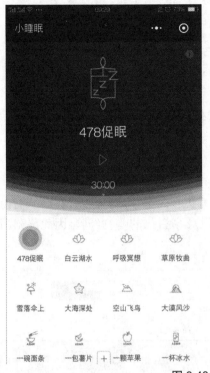

图3.43　"小睡眠"界面

在学习了本节内容之后,如果让你对小睡眠小程序制订营销的目标与计划,你会怎样制订呢?

竞争激烈的市场逼迫着每个企业都要制定自己的营销目标,这样企业才有发展的方向。那么你想知道一个企业该如何正确的制定营销目标吗?扫描右方二维码了解情况。

"蘑菇街"案例分析

（1）"蘑菇街"简介

"蘑菇街"成立于 2011 年，是专注于时尚女性消费者的电子商务网站，在蘑菇街内可以看当下最流行的服饰，看大家都在关注的时尚，也可以分享自己的购物经验，因此蘑菇街是时尚女性购物与分享的必备网上商城。如图 3.44 所示。

图 3.44　蘑菇街网上商城

（2）蘑菇街的优势

"快速切入新流量市场"是蘑菇街的运营准则，当一个新平台开始聚集用户数量时，蘑菇街就会利用自己的优势在该平台积累属于自己的用户数量。在小程序出现时，蘑菇街运营者就根据自身的优势以及对于小程序的定位，推出了自己的小程序。如图 3.45 所示。

（3）蘑菇街的定位

①定位目标人群

"蘑菇街"运营者定位的目标人群是 18~25 岁之间的女性，因为现在网上购物的最大客户群就是 18~25 岁之间的女性，在这个成长阶段，女性正是爱美爱打扮的时候，如图 3.46 所示可以看出女性每月的支出除去饮食以及交通出行，花费最多的地方在于服饰美容。

蘑菇街运营者为这些爱美的姑娘提供衣服、包包、鞋子、搭配和美妆等产品。效果如图

3.47 所示。

图 3.45 "蘑菇街"小程序

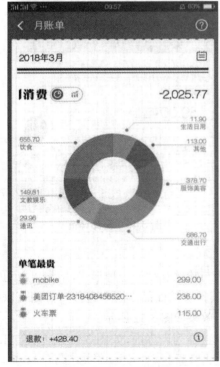

图 3.46 某用户月消费账单

图 3.47 蘑菇街定位的目标人群

②定位小程序

蘑菇街运营者对于小程序的定位："既是独立于 APP 的新战场,更是原来业务的延伸",小程序的设计原则中贯穿着"快"的特点,所以蘑菇街的小程序也要让用户体会到购物的爽快。蘑菇街 APP 的定位是让用户从逛到买,小程序为了让用户体会到"快",直接加入了购买的入口,让用户购买更方便。如图 3.48 所示为该小程序界面。

当顾客点击想要购买的衣物时,就会跳转到商品详细信息的页面并且有直接购买的按钮,可以让你更方便地进行购物。如图 3.49 所示为商品详情界面。

③定位公众号

运营者把"逛"的环节转移到了公众号上,在公众号内推送许多潮人穿搭以及推荐服饰,供用户进行浏览以及选择。如图 3.50 所示为"蘑菇街"公众号。

"蘑菇街"在公众号内推送内容的类型通常为图文并茂,因为公众号推送的内容需要展示产品并且对产品进行介绍,图文并茂的形式更加的直观,更容易让用户了解到这件商品并且使文章不那么枯燥,用户有继续阅读下去的想法。效果如图 3.51 所示。

图 3.48　"蘑菇街"界面

图 3.49　商品详情

(4)"直播特卖"形式

直播这种形式符合当下的潮流,直播是网络主播与粉丝互动的一种形式,用户可以通过主播在直播间介绍服饰及其他商品时,直接在线购买其推荐的商品。这些直播一方面可以调动用户的积极性,另一方面可以引导用户的消费方向。效果如图 3.52 所示。

第一步:在主界面点击直播特卖后,就会跳转到直播列表界面,如图 3.53 所示,会出现各个不同的直播间,可以根据需要以及想买的服饰点进去查看。

图 3.50　"蘑菇街"公众号

图 3.51　推送内容

图 3.52　直播特卖

图 3.53　直播列表

　　第二步：点进想要购买服饰的直播间，就会在左侧看到衣物的列表以及衣物的价格，可以发送信息询问自己所适合的码数并且可以让主播试穿看一下上身效果。如图 3.54 所示。

　　第三步：如果想要在直播间购买商品可以直接在左侧点击自己想要买的服饰，就可以选择颜色、尺码等，进而直接购买或者加入购物车。如图 3.55 所示。

　　"蘑菇街"小程序在定位目标人群和对目标人群调研上应用了前边所学的技能点，具体体现如下表 3.4 所示。

图 3.54　直播间展示

图 3.55　直播间购买

表 3.4　技能分析

技能	体现
定位目标人群	对目标人群精准定位，使微信营销更容易成功
定位小程序	便于用户购物，从而消费
定位公众号	将公众号粉丝转化为小程序粉丝
直播特卖	与用户及时互动，增强商家与用户关系

【拓展目的】

掌握定位目标人群的要领,学会制订营销目标与计划。

【拓展内容】

根据任务提供的素材,自行确立目标人群,制订目标与计划。

【拓展步骤】

现在人们在聊天的过程中都喜欢用发表情包的方式来表达自己的意思,在"表情家园"小程序里有各种各样的表情包,并且可以制作属于自己的表情包。如图3.56所示。

通过对"表情家园"小程序的了解,来对它进行目标人群的定位以及营销目标与计划的制订。

图3.56　"表情家园"小程序

(1)提供素材

表3.5所示为所提供的一些素材,可选择表中的素材或者自己查找相关内容进行定位,从而得到理想的效果。

表 3.5　素材

目标人群的类型		
追求时尚的青少年	都市白领	全职太太、宝妈
儿童	成熟男性	老年人群
对目标人群的调研		
娱乐型内容	在早上更新	在微信端参加活动
知识型内容	在晚上更新	在实体店参加活动
制订目标与计划		
在一周内得到 500 的关注	在一个月内有 30 的销量	
在公众号内进行文章传播	在商场、学校等进行问卷调查	

（2）填表

根据表 3.5 的基本素材（也可以根据自己查找的内容），对产品的人群定位等内容进行填写。

营销产品	
目标人群的定位	
对目标人群的调研	
制订目标与计划	

本章介绍了微信营销的策略，通过本章的学习可以从人群的基本特性、人群的心理特性、目标人群需求了解定位目标人群的方式，熟悉目标人群调研的内容，学习之后能够制订营销目标与计划。

platform	平台	regional	地域
income	收入	concept	观念
details	细节	phase	阶段
research	调研	plan	计划

一、填空题

1. 人群的基本特征包括：_____、年龄、_____、收入。

2. 地域是在自然因素与 _____ 相互作用形成的一定空间。地域内部有相似性但是地域之间具有明显的差异性。

3. 调研就是通过各种调查方式收集人群的信息并进行统计分析，进而研究人群的总体特征。_____ 就是一个很好的调研人群的方式。

4. 制定营销目标可以是制定一定时间周期的目标、_____。

5. _____ 是在充分调查市场环境及相关联的环境的基础之上，遵循一定的方法或者规则，对未来即将发生的事情进行系统、周密、科学的预测并制定科学的可行性的方案。

二、简答题

1. 你认为下列产品主要应以哪些变数作为其细分市场的根据？

（1）保健食品；（2）图书；（3）轿车；（4）冬装。

2. 简介定位目标人群主要依据。

【本章小结】

通过本章的学习，是否掌握了相关技能点，能否实现目标人群的定位与调研，制订相应的营销计划。根据实际情况完成下表的填写。

本章学习小结	
本章主要讲解了什么	
未掌握的知识技能	
学习本章掌握了什么	
关于目标人群以及营销计划设计自己的目标	

本章学习小结			
是否完成本章操作	☐ 正常	☐ 提前	☐ 延期
学习心得			
备注			

第四章 微信营销的原则技巧

通过微信营销的原则技巧,了解微信营销的产品特性,熟悉销售过程中的互动关系,掌握同类产品中的竞争对手的目标和营销手段,具有分析微信营销原则技巧的能力。在任务实现过程中:

- 了解微信营销的产品特性。
- 熟悉销售过程的互动性。
- 掌握同类产品中的竞争对手。
- 具备微信营销原则技巧的能力。

【情境导入】

微信营销对于企业来说,只靠单一的小程序、公众号等在微信平台上营销是远远不够的,微信本身拥有众多功能,每个功能的定位,都代表不同的内容策略,如企业更新动态时,内容偏向严肃,而与用户交流时需要幽默风趣。因此需要熟悉销售过程中的互动关系,认真分析其中的原则和技巧是必不可少的一项技能。本章主要通过"携程订酒店机票火车票汽车票门票"小程序介绍产品特性的应用、销售中的互动等,学习如何进行有效营销,如何能为用户带来更好的营销体验。

【功能描述】

本章将实现"携程订酒店机票火车票汽车票门票"小程序产品特性的应用以及与用户良好的互动,实现流程如图 4.1 所示。

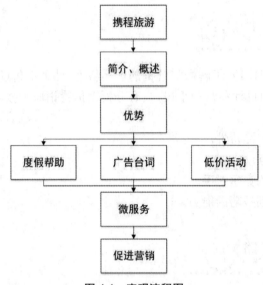

图 4.1　实现流程图

通过"携程订酒店机票火车票汽车票门票"的案例,介绍了携程旅行产品的特征及优势,详细介绍了"携程订酒店机票火车票汽车票门票"在营销过程中运用的原则技巧。

技能点 1　产品特征的体现

充分体现产品的特性是在营销过程中必不可少的一部分。作为运营者,无论做什么都不要带有盲目性和随意性,应做到给顾客一个清晰的商品、服务定位,让顾客了解所营销产品的具体功能,而微信营销也是如此。

1. 产品特性简介

微信营销人员在推广产品时,应表达清晰,一针见血,避免话语模糊给用户带来心理落差,将产品具有的特性展现到消费者面前,加深消费者对产品的认知度,从内心去接受产品。想要体现产品的特征主要从以下几点进行描述,如表 4.1 所示。

表 4.1　分析产品特点

	产品明显特点	创意的口号	产品附带服务
也乐塑胶漆:耐刮伤、硬度高、附着力佳	✓		
某化妆品:趁早下"斑",请勿"痘"留	✓	✓	
加多宝:怕上火就喝加多宝	✓	✓	
京东:购买电视,可保修三年			✓

2. 产品特征的体现

（1）产品明显特点

产品明显特点是与其他产品相比而言,有着明显区别和优势。在宣传时应重点介绍产品的这些特点和特有的一些功能,吸引消费者的眼球。如果在介绍过程中没有把握重点进行介绍,而是泛泛而谈,会给用户带来该产品与大众品牌无区别的认知,导致营销的失利,因此,要着重介绍产品特点,使用户加深对产品的印象,达到商家满意的营销效果。

举例:用户在选择塑胶漆时无非关注刷漆后的刮伤情况、硬度高低以及附着力怎么样,因此"也乐塑胶漆"在宣传时,清晰地告诉用户这款产品的主要特征"耐刮伤、硬度高、附着力佳",便于用户快速了解该产品,如图 4.2 所示。

图 4.2　也乐塑胶漆宣传海报

（2）有创意的口号

在介绍产品特点过程中对产品的描述是必不可少的,而在描述过程中加入比较有创意的口号会大大提升营销效果,因此,口号在产品营销中也显的尤为重要。口号应结合产品的特点以及小程序的定位,体现小程序核心的内容。其要与产品有关系,同时也需要从用户的角度出发,为用户着想,而不是单一的推送与产品有关的内容。有创意的口号,既可突出产品的特点,也可抓住用户的眼球,提高用户对产品的兴趣,进而购买产品。

例如"趁早下班,请勿逗留"本意是公司下班之后员工尽快离开,而香港某家化妆品公司采用比喻、拟人的修辞方法将这一标语进行了修改,制作成自己的口号:趁早下"斑",请勿"痘"留,该公司把"班"比喻成祛斑的斑,语言幽默、生动形象,充分表达了产品的功效:祛斑和祛痘,并且用户非常容易记住该口号,增强了宣传的效果。如图 4.3 所示。

图 4.3 客户需求

（3）产品附带服务

产品具有多元素性,如食品类产品、家电类产品以及日常生活类产品等。汉堡、矿泉水、抽纸等属于食品类与日常生活类产品,一般情况下不添加附带服务。而家电类产品就需要以产品实体为主的同时包含附带服务,目的是让用户更加顺利、有保障地使用产品。如安装调试、保修服务等,当用户在京东购买电视后,京东提供如图 4.4 所示附带服务。

买东西常说货比三家,如果产品质量没有问题,但是产品销量却比不上其他商家,这时应考虑产品附带服务的问题,保修三年和保修五年是有很大区别的,用户常常会选择保修时间长的。这时需要了解竞争对手的销售方式以及他们的附带服务。如图 4.5 所示。

3. 产品特性的应用

在了解产品特点、口号以及附带服务的重要性后,应着重考虑如何将这些特性融入营销中,只有将这些特性利用到营销过程中,才能取得营销成功,小程序营销亦是如此。

"天天练口语"是新推出的一款用于练习口语的小程序,其提供丰富的联系情景主题,如:生活职场、日常社交、英美剧等,对比其他同类教学小程序更加引人注目,让口语练习更生动有趣。其打出创意的口号:"签到领福利,养成口语练习好习惯!!",督促用户每天学习。随着学习不断的深入,课程的不断完善,为用户提供英语口语的跟读和智能评测打分,解决用户的口语发音问题,使用户不断进步。

在微信小程序中搜索"天天练口语",出现三种"天天练口语"的小程序,点击进入。该小程序定位为小语种口语练习,包含英语、日语、韩语等,其首页设计简洁明了。其口语素材有韩剧学韩语、日常生活等多种生动、有趣、贴近生活的主题。如图 4.6 所示。

图 4.4　京东附带服务

图 4.5　附带服务

图 4.6 "天天练口语"小程序

点击页面导航的"英语"选项,出现如图 4.7 所示界面,点击第一个练习素材,进入到详情界面,其包括英译汉、知识点和核心词的讲解,用户可以跟读练习,之后评测分数,让用户更容易获取练习重点。

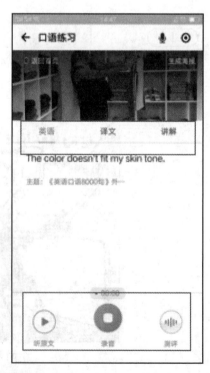

图 4.7 口语练习界面

　　评测后可以查看评测结果,评测结果有专业的评分系统,使得用户清楚自己的得分(准确度、流利度和完整度方面),回听自己的跟读音频,发音不准确的单词会自动标红,可以进入发音练习,让用户轻松获取错误点,更有效地来日常纠音,如图 4.8 所示。

　　点击"我的"界面如图 4.9 所示。该模块主要设置连续签到、我的学习记录、我的单词本等三项,附带服务以"每日签到送福利"活动满足了用户的利益心理,而且可以解决用户在学习过程花时间记笔记等问题,让用户在使用过程中更加放心。

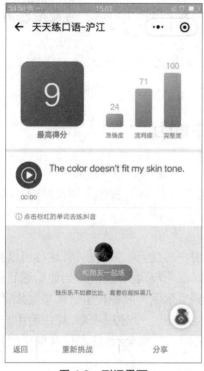

图 4.8　测评界面

图 4.9　我的界面

　　该小程序涉及上述产品特征的总结如表 4.2 所示。

表 4.2　产品特征

优势	产品明显特点	有创意的口号	产品附带服务
丰富的联系情景主题	✓		✓
签到领福利,养成口语练习好习惯		✓	
跟读和智能评测打分	✓		✓
口语素材	✓		✓
知识讲解	✓		✓

　　如果"天天练口语"是你接下来要推广的小程序,学习完本技能点之后,你会以什么样的方式对它进行描述呢,发挥你的想象力,让我们拭目以待吧。

快来扫一扫！

　　如何向用户推介自己的产品，是每个销售人员必备的技能。以上内容教给大家如何充分体现产品的特性，那么在用户面前该如何发挥自己的优势把产品推介给他们呢？单凭几句简单的话是无法打动用户的，这其中有一定的技巧。如果想要了解其中的技巧，请扫描右方二维码！

技能点 2　销售中的互动

　　任何的销售活动，卖家与买家之间的沟通、互动是必不可少的，彼此之间良好的互动，直接决定着商品是否能售卖成功。

1. 互动简介

　　在销售过程中与用户进行互动是非常重要的，让用户感受到卖家的热情，这样可以拉近与用户之间的距离，有助于开展一系列的营销行为。同时在用户购买过程中，当他们遇到问题时能及时进行指导。这在营销前期比较容易做到，但是到后期运营时各种事情聚集起来，使得运营者没有太多的时间与用户进行交流，这个时候需要总结出一个使用攻略，提供给用户，让用户自行解决。但是在营销过程中一定要注意与用户之间的互动交流，这不仅有助于用户重复购买，还可以让用户成为你的忠实粉丝。

　　例如，朋友圈营销的运营者会时常晒一些买家的反馈图。这种方式从销量和用户反馈两方面肯定了自己的产品，进而吸引更多的用户。如图 4.10 所示。

图 4.10　买家的反馈图

2. 留下良好的印象

营销不仅仅注重的是新用户的开发,更重要的是回头客。营销如同做人,需要的不仅是用户点头叫好,用户的第一印象也极为重要,如果商家给用户留下好印象,那么在后期销售中即使出现问题,用户也可能理解,但是如果给用户的第一印象不好,即便后期再做任何的补救,用户也不再相信。那么如何给用户留下好的印象呢? 表 4.3 为常见的几种可采取方式。

表 4.3　采取方式

产品	方便快捷的平台	尽善尽美的服务	质量过硬的产品
车来了	✓		
海尔	✓	✓	
三星		✓	✓

（1）方便快捷的平台

方便快捷的平台不仅能节省用户的时间,更能增强用户的使用体验感。当用户购买产品时,繁琐的购买步骤只会打消用户对产品的购买兴趣。运营者应该站在用户的角度,考虑用户的感受,简化购买步骤。如图 4.11 所示为"汉堡王自助点餐"小程序首页。

图 4.11　"汉堡王自助点餐"小程序

进入小程序后,用户点击左下角立即订餐下的"立即进入",即可进入门店列表,选择自己感兴趣的店铺,就会出现菜单列表,如图 4.12 所示。

选择自己喜欢的餐食,确认好订单,付款购买,即可到店就餐或者取餐,如图 4.13 所示。

图 4.12　菜单列表

图 4.13　购物车

（2）尽善尽美的服务

　　服务在营销过程中占有重要的地位。主要目的是赢得消费者的支持、赢得市场、提高企业竞争力。良好的服务可以塑造平台的完美形象,给用户留下最好的第一印象,进而获得用户的信任,促进产品的消费。反之服务的疏忽以及服务态度恶劣就会给粉丝留下不好的印象,进而导致营销的失败。弘扬中华民族传统美德给用户提供服务时要注重如图 4.14 所示内容。

图 4.14　尽善尽美的服务

　　"海尔官方商城"小程序主营海尔家电,在该小程序购买电器可享受送货上门的服务。免去了要在商城挑选的麻烦,如图 4.15 所示。

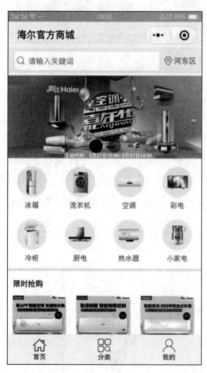
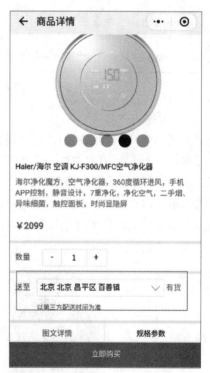

图 4.15　海尔小程序

　　而且海尔在公众号上提供了售后服务,解决用户预约安装、维修以及家电清洗等问题。如图 4.16 所示。

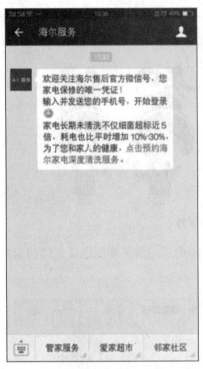

图 4.16　海尔服务

（3）质量过硬的产品

美国学者约翰·扬曾经说过："在今日激烈的竞争环境中，忽视质量问题无异于自杀。"因此产品质量对平台营销的重要性不言而喻。随着生活水平的提高，人们消费观已经发生了巨大的变化，不再是追求价格低廉的商品，更注重的是质量，而且国家出台了一系列关于提高产品质量的政策。消费者认可质量过硬的产品，进而愿意为质量买单。质量是营销成功的根本，服务和平台是为质量添枝增叶的过程。如图 4.17 所示。

图 4.17　质量过硬的产品

　　专注于质量问题的根本原因是质量带来的潜在利润增长。用户希望所购买的产品质量有保障，如果产品的质量无法满足客户的需求，那么用户对该产品及其品牌就会感到失望并且抱有怨言。相反的，如果用户感觉购买的产品物有所值甚至物超所值，那么用户可能会有二次乃至多次消费，且还会把这个产品或者品牌介绍给身边的朋友，如图 4.18 所示。

图 4.18　质量很重要

　　仅仅意识到产品质量的重要性是不够的，还需把产品质量做好。产品质量取决于过程质量，过程质量受限于工作质量，而工作质量取决于员工素质，总体来说，员工的素质最终决定产品质量。所以需要高度重视员工的作用，充分调动员工的积极性和创造性，最大程度地保证产品的质量。如图 4.19 所示。

图 4.19　员工作用

随着社会分工越来越细、专业化程度越来越高,注意抓好细节,精益求精保证质量才能让产品在竞争中取胜。例如,"三星集团"是世界上家喻户晓的企业,三星的总经理李健熙上任的第一件事情就是大声呼吁:三星人要摒弃重产量轻质量的落后观念,树立质量至上的意识。可见质量在营销中占据重要的地位。

3. 建立良好的关系

仅仅给用户留下良好的印象是不够的,还需要与他们建立良好的关系。运营者的小程序是为用户服务的,可以利用服务的过程逐渐建立彼此的良好关系。作为一个运营者仅保持与粉丝之间的生意来往,不能与粉丝建立良好关系是不行的。这样很难赢得粉丝的全力支持,以下为两种常见的与粉丝建立的关系。

（1）朋友关系

小程序是为用户服务的,用户只有在小程序上获得有用的东西,才会对小程序感兴趣,进而成为朋友,接下来的营销才会变得理所当然。

当用户浏览小程序的时候,其与小程序之间就会形成一种一对一的好友关系。当小程序更新文章时,用户可能会主动转发到朋友圈或其他的社交媒体平台,这种转发的效果其实是在朋友信任之下产生的,用户信任小程序所以会转发。朋友关系可以为小程序赢来更多的粉丝。如图 4.20 所示。

图 4.20　朋友关系

（2）师生关系

运营者可通过更新知识性的文章来吸引粉丝,当粉丝具有疑问时可对运营者进行咨询,运营者及时提供系统全面的解答。在这样的情境中,运营者就担当着老师的身份。小程序更新的文章内容越专业,粉丝们就会更加地相信该小程序。要注意在推销产品的时候,尽量做到将专业化知识转化成通俗易懂的话语,粉丝会更容易接受。如图 4.21 所示。

图 4.21　师生关系

例如，营销化妆品，需要在合适的时机经常更新一些美肤、化妆的资讯，这些内容就是为了凸显商家的专业程度，就像前面所说，如果想要用户对于营销的产品不反感那么就要让用户认可运营者身份，如果能在用户眼中将运营者树立成一个美妆达人的形象，那么运营者每一次更新的内容都会被用户阅读。因为用户会觉得更新的内容可以给他们帮助。

4. 保持良好的互动

互动是与粉丝建立良好关系的最快途径，并且可以使运营者快速了解粉丝的一些性格特点以及需求等。如图 4.22 所示。

图 4.22　与粉丝保持良好互动

互动类型有很多种,如写推送内容时,可在最后添加一个问题,留出用户发挥想象的余地,并提示答案在下期公布,对部分答对用户进行相应奖励,与此同时,也要提供讨论该话题的空间,方便用户之间交流。对于有问题的,一定要认真负责、及时查看并回复粉丝的评论,切勿发完信息后不再管理,使用户失去兴趣。以下为几种常见的与粉丝互动的方式以及沟通的技巧。

(1)将游戏切入小程序

游戏是人们在闲暇时消遣的工具,但大部分游戏占据手机极大内存,因此游戏型小程序的推出受到了广大用户的喜爱,其具有不占内存、微信登录等优势。将游戏切入小程序,可以提升小程序的趣味性,吸引粉丝来小程序玩游戏,玩游戏的同时也可查看小程序的其他信息。

例如,"大众点评"答题赢红包的"大众 PK"小程序,它是一款通过与其他用户 PK 答题获得红包的游戏型小程序,答题速度越快,分数越高,获取的红包份额也会越大。如图 4.23 所示。

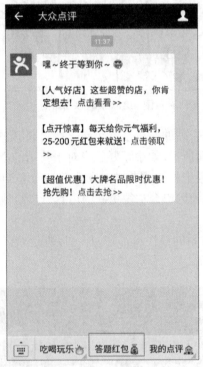

图 4.23 "大众点评"小程序

用户点击"答题红包"后,跳转到"大众 PK"小程序,首界面以及游戏界面如图 4.24 所示。

"大众点评"将游戏切入小程序后,使用户在玩游戏的同时,不仅增长了知识,也能获得红包、优惠券等,促进消费。

(2)人工互动

互动不是一个人的事情,需要有来有往。在营销过程中与粉丝保持互动沟通是必不可少的。但是,在营销运营后期事务繁忙,一部分运营者选择设置"消息自动回复",如同 QQ 的聊天自动回复,会给用户留下不好的印象,使用户感觉不被重视。因此做到实时的人工互动是非常重要的。如图 4.25 所示。

图 4.24　大众 pk 小程序

图 4.25　沟通

沟通可使运营者清楚用户需求,根据需求及时推出符合用户的产品,将使用户对该品牌好感度增加,及时听取用户需求将会使营销过程变得简单。

(3)沟通的技巧

做营销最重要的就是与人沟通,良好的沟通才能使得用户与运营者之间相互了解,能够顺其自然地进行营销,那么在沟通时,就需要有沟通的技巧,在这提供如表 4.4 所示的沟通技巧供用户参考。

表 4.4　沟通技巧

技巧名称	介绍
学会倾听	在进行沟通之前,首先要学会倾听,倾听可快速获取用户需求,定位该用户所需目标产品类
和谐的气氛	在沟通过程中,和谐的气氛,可以让用户更愿意与运营者沟通,如果在沟通过程中,言语不善或彼此猜忌,会使沟通的气氛变得冲突、紧张,导致沟通中断或者无效
自信的气质	只有相信自己才能够走向胜利,自信能使人具有独特的人格魅力,不仅吸引用户,也能感染用户,自信的气质可以使用户在毫无怀疑的情况下接受运营者的意见
体谅他人	体谅他人包括"体谅对方"和"表达自己"两方面。运营者需要设身处地地为他人着想,并且体会对方的需要。在与用户沟通的过程中,当我们想要表示对用户的关心时,需要设身处地地为用户着想。基于对运营者的尊重,客户也会体谅你,因此会做出积极的回应

　　沟通是现代管理的命脉。没有沟通或者沟通不善,管理效率就会下滑,良好的沟通可以维持健康的人际关系,沟通是营销平台发展和进步的基本手段和途径。每个人都不是生活在孤岛上,只有与他人保持良好的协作,才能获得自己所需要的资源,才能获得成功。要知道,现实中所有的成功者都擅长人际沟通。

技能点 3　竞争对手

　　知己知彼才能百战不殆,分析竞争对手的主要目的是了解每个商家采取的营销手段与成功的经验。学习对手对可能发生的行业变化等做出的应对方式。

1. 竞争对手简介

　　分析竞争对手可以使商家更好的经营,通过分析可以有效地对对手进行"竞争"与"防御"。如竞争对手新开辟的市场营销方式,这对商家来说,可能是一次发展机遇,因此可以考虑实施。当商家发现竞争对手在模仿自己的营销方式时,这意味着商家将面临着竞争对手的挑战,这时需要提前对该市场布局进行防御。商家通过分析竞争对手可以获得:

- 了解商家以后的目标和方向。
- 了解对手的优缺点,扬长避短。
- 了解对手的营销能力。
- 根据自己的能力与资源制定适合的运营方案。

　　对竞争对手取其精华去其糟粕,可实现将自己的产品在众多的产品中脱颖而出,以下为如何分析竞争对手。如图 4.26 所示。

图 4.26　分析同类产品中的竞争对手

2. 分析竞争对手的目标

运营者虽然无一例外的关心其利润,但是他们往往不是把利润最大化作为唯一的目标。有些竞争者更希望获得"满意"的利润而不是"最大利润"。在利润目标的背后,运营者往往有一系列的目标组合,对于这些目标,运营者是各有侧重的。所以,在分析竞争对手时不能片面分析,片面分析可能会使自己失去方向。如下所示为分析竞争对手目标的方法。

（1）竞争对手的目标组合

应该了解市场占有率的增长、技术问题、服务问题和其他目标等,竞争者给他们所分配的比例是多少。了解竞争者的这种目标分配比例,我们就可以进一步地了解到竞争者对于目前的市场状况是不是满意,对各种类型的竞争性攻击会做出什么样的反应等。如图 4.27 所示。

图 4.27　竞争对手的目标组合

如果了解到竞争者开拓了一个新的细分市场,这对于自己来说可能也是一个发展机遇;如果发现竞争者开始进入自己经营的细分市场,这意味着将面临新的竞争和挑战,可以及时调整自身经营策略,保持自身产品在市场中的占有率。对于这些市场竞争状态,企业若是了如指掌,就可以争取主动,有备无患。

（2）竞争对手的长远目标

长远目标的制定是站在当下的情况对企业未来发展方向的具体描述,长远目标的分析可以看出竞争对手对于目前现状的满意度、会如何改变营销策略、对外界事件会采取怎样的处理态度。如图 4.28 所示为某汽车销售行业的各个目标。

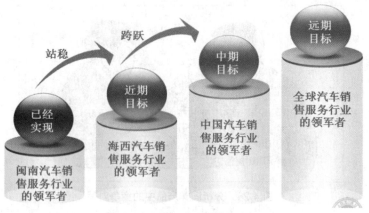

图 4.28　竞争对手的长远目标

　　全面分析竞争对手，可以了解到对手对于可能发生的产业变迁和环境的大范围变化可能做出的反应，并且根据对手的动态及时调整自己，使自己始终保持生命力。

3. 分析竞争对手的营销手段

　　在分析完竞争对手的目标之后，需要分析竞争对手的营销手段，从其中看到自己的不足，进而取长补短，那么在分析竞争对手的营销手段时主要可以根据以下几种方法来进行分析。

　　（1）关注竞争对手

　　做营销要抱有开放的心态，千万不要一个人坐在家里做营销，这样跟不上时代的脚步，积极关注几个竞争对手，多加入几个与微信营销有关的群、论坛等，看看大家都在说些什么，在那里可以学到很多的东西。竞争对手是最好的老师，如果关注了竞争对手那么就可以从他营销的过程中学习到更多东西，"取人之长，补己之短"，使自己的营销更加的完美。如图 4.29 所示。

图 4.29　关注竞争对手

　　例如"百事可乐"与"可口可乐"，两个企业在营销过程中都在时刻关注着对方，只要其中一方推出新的营销活动,另一方肯定也会有新动作。两个企业在竞争中都是使出浑身解数想要打败对手。但结果却是二者都有了长久的发展。只有不断的竞争才有生机和活力,才能不断的克服困难,一直向前。如图 4.30 所示。

图 4.30　百事可乐 VS 可口可乐

（2）扮演"用户"

通过扮演"用户"去竞争对手的平台,可以有效地掌握竞争对手的营销手段,如可在竞争对手平台询问一些平时用户问的问题,了解竞争对手的回答思路。根据竞争对手的营销手段并结合自己的营销手段,制作出最完美的、最符合用户的营销方式。

（3）竞争对手的战略假设

①理论依据

任何企业都不会无缘无故地做出决定,在做某个决定时一定是有所依据的,依据可以是理论依据也可以是实践依据。理论依据即为前人总结出来的概念或者原理,如阿基米德原理、牛顿第三定律等;实践依据即为类似问题处理的相关案例。

任何企业在发展时,肯定是有理论知识作为依据的。例如许多美国公司所依据的理论是短期利润,因为只有获得利润,企业才得以继续发展。

②对自身的看法

对于自身的了解,可以看到自己的不足以及自己在发展过程中的优势,例如有些企业认为自己质量至上、有些企业认为自己有价格优势,那么在营销过程中就应该发挥自己的优势,同时对自己的不足进行改善。

（4）竞争对手的能力

无论竞争对手有怎样的目标、怎样的销售方式都是以自身的能力作为基础。在了解到竞争对手的目标以及营销方式之后,需要深入了解企业是否有能力采取其他方式实现目标,了解到这些,可以提前规划自身的营销策略。

①创新能力

只有不断的学习创新,才能适应时代前进的步伐,创新能力在如今也是非常重要的一个考核标准,对竞争对手创新能力的分析,主要分析竞争对手推出新产品的速度以及在创新方面的经费所占的比例,两方面可以看出竞争对手在创新方面的能力以及公司领导对于创新是否看重。

通过对创新能力的分析,可以看到自身在创新方面的不足,只有不断的创新,才能提高自身的竞争水平。

②财务能力

财务能力分析可以了解到竞争对手目前发展的现状以及将要进行的步骤,财务能力分析包括盈利能力分析、成本分析、债务偿还能力分析。

盈利能力分析:盈利是企业生存发展的支柱,分析竞争对手的盈利水平处于什么位置。

成本分析:一旦知道了对手的成本就可以预测对手的价格水平和在营销中的行动,从而对自己的营销制订有力的计划。

债务偿还能力分析:从这方面可以看出企业持续发展的能力,可以了解到竞争对手在遭受到打击时,可以采取的措施。

4. 良性竞争与恶性竞争

无论是企业还是个人,在社会上生活,都会不可避免地碰到各种的竞争,竞争能推动人们的进步,但其具有双面性,分为良性竞争与恶性竞争,良性竞争可以促进发展,有竞争才能有活力;恶性竞争会损害消费者的合法权益,阻碍行业的发展以及技术的进步。

(1)良性竞争

竞争不排斥合作,把竞争与合作结合起来,在竞争之中有合作、合作之中有竞争,这样可以突破自身的局限性,使自身的优势与其他企业的优势结合起来,实现双赢或者多赢,同时可以提高自身以及别人的竞争力。在良性竞争中,对手是敌亦是友。如图4.31所示。

图 4.31 良性竞争

矛的锋利必会导致盾的坚固,只有与更强大的对手竞争,才能使自己更强大。良性竞争可以激发动力、增强活力,使得企业不敢有丝毫的懈怠,不断推动技术的进步,改善经营管理,降低成本,提升质量。各个企业在积极竞争的同时,应该发扬团结协作精神。这样,才能把事业发展壮大,越办越好。例如"亚马逊"与"谷歌"之间在不断竞争的同时促进自身技术的研发,相互追赶相互进步。如图 4.32 所示。

图 4.32　亚马逊 VS 谷歌

（2）恶性竞争

恶性竞争属于低价促销形式,但是性质恶劣,恶性竞争是企业运用低于成本的价格、服务,或者使用不正当的手段来竞争市场所占比例的方式。如图 4.33 所示。

图 4.33　恶性竞争

恶性竞争损害消费者的合法权益。低价促销,表面上有利于消费者,但是另一方面,一些实力雄厚的企业不惜以亏本为代价来促进销售,他的目的在于破坏竞争对手的商品销售能力,打败竞争对手,进而独占市场,一旦这种情况形成,其中一方在市场上占据优势地位,消费者就不能再享受低价的优惠,相反,不得不接受高价的垄断。例如"滴滴"与"优步"在竞争时,都不惜成本地送优惠券,但在"优步"被"滴滴"收购之后,用户就再也不能享受优惠。如图 4.34 所示。

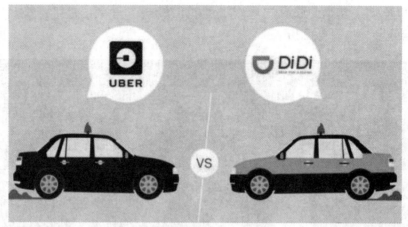

图 4.34　滴滴 VS 优步

　　若干中小企业的低价促销,一是通过降低产品的质量甚至牺牲产品使用的安全性来降低成本,直接侵害消费者的权益,例如,三鹿奶制品添加三聚氰胺就是典型的由于奶业过度竞争引发的恶性竞争案。二是会减少用于产品开发和技术进步的资金投入,使产品的发展缺乏后劲。

　　企业之间不应为了竞争而竞争,这样会导致恶性竞争,竞争应该是为了产业的稳定、销售的进步、企业的长期发展。

 快来扫一扫!

　　在营销过程中,仅对竞争对手的营销手段取其精华去其糟粕做出的策略是远远不够的,那么如何在同类竞争对手中脱颖而出才是整个营销过程中的关键所在?扫描右方二维码,通过一个小案例告诉你。

 任 务 实 施

"携程订酒店机票火车票汽车票门票"案例分析

(1)"携程旅行网"简介

"携程旅行网"是一家在线服务的公司,建立了第一个全国性酒店预订和机票预订平台。

作为中国领先的酒店预订服务中心,目前,线上拥有国内外超过 60 万家酒店可供顾客预定。将酒店预订、机票预订、旅游度假一站式解决,并提供热线全天开放,全方面保障了顾客的利益。如图 4.35 所示。

图 4.35　携程旅游

(2)"携程旅行网"优势

"携程旅行网"一直以顾客为中心,注重团队间紧密合作,以真实诚信的合作态度,创建"多赢"合作式体系,从而共同创造最大价值。相比较其他旅游行业,做出了模式上的创新:一站式创新、管理创新、内涵创新、服务创新、营销创新;通过这些创新为顾客提供无线一体化服务,将这些看似杂乱无章、没有规律的旅行服务,实行标准化运作,有效保障了消费者的权益,如图 4.36 所示。

图 4.36　携程旅游优势

"携程旅行网"创新的运营模式吸引了广大顾客,但是顾客并不是经常出去旅游,因此大部分顾客下载使用"携程旅行"APP后都会进行卸载来减少手机空间。如图 4.37 所示。

图 4.37　携程旅游优势

　　这样不利于"携程旅行网"推广与运营,但是小程序的出现正好解决了这一问题。顾客只须关注"携程旅行网"公众号,无须下载安装即可享用与 APP 相同的功能。

　　(3)"携程订酒店机票火车票汽车票门票"营销的原则与技巧

　　为了增强宣传效果,"携程旅行网"提出了"携程在手,说走就走"的广告台词,通过这一广告台词,体现了"携程旅行网"的一站式服务,且言语符合年轻人的生活方式,因此吸引了众多用户。如图 4.38 所示。

图 4.38　"携程旅行网"广告台词

众所周知,一趟远处旅行要花费不少金钱,对于刚工作或收入不是很高的人群来说,"携程旅行网"并不能引起他们的注意,为此,"携程旅行网"推出了超低价活动,满足更多的消费人群,增加了顾客的使用率。如图 4.39 所示。

"携程旅行网"最大的亮点就是为顾客提供度假帮助,如顾客如何到达目的地,到达目的地的住所,目的地周围有什么旅游场所等,这些是旅游过程中的重中之重。"携程旅行网"具有很多方便快捷的功能,将这些重要的功能归为一起,并放在公众号的醒目位置,方便顾客使用。如图 4.40 所示。

图 4.39　超低价活动

图 4.40　方便快捷功能

如图 4.41 所示订酒店,在子菜单"订酒店"中链接小程序,当用户点击后,会跳转到订酒店小程序中,小程序会将该地点附近的所有酒店以列表的形式展示,简洁的界面,方便用户选择。

当顾客点击该酒店时,会显示酒店的详细信息,利于顾客预定。如图 4.42 所示。

不仅如此,"携程旅行网"提供的"微服务",保障了顾客的权益。当顾客完成订单后,如若出现对此订单有疑问、不满等情况,点击"微服务",选择"智能客服",通过合理的方式进行求助。如图 4.43 所示。

当顾客选择"智能客服"后,系统会自动弹出具有两种解决方式的提示语,"携程旅行网"在此选择了"请""亲"等用语,提高了顾客与服务人员的和谐气氛。24 小时全程在线更是解决了顾客的后顾之忧。如图 4.44 所示。

图 4.41　酒店列表小程序

图 4.42　酒店详情

图 4.43　携程旅游网智能客服

图 4.44　携程旅行网

　　"携程旅行网"针对顾客订购时的使用体验,对使用小程序购买步骤进行了简化,如要订火车票,顾客只须填写始发地、目的地以及通过时间表选择出发时间,即可查询到当天的所有火车班次,而在整个页面的最下端"我的火车票订单"可查找已经购买过的火车票。如图 4.45 所示。

图 4.45　携程旅行网购票

　　当顾客点击查询后,会跳转到火车班次列表界面,如图所示,主要内容以上下车的时间、地点以及价格为主,并根据出发的早晚或路程所耗时间以及所花价格等排列,方便顾客清晰地查看。如图 4.46 所示。

　　如若顾客只想查看高铁班次,可通过页面最下方的"筛选"进行选择,如图 4.47 所示。

　　注重营销的原则与技巧,在提高"携程旅游"使用量的同时,进一步促进了产品的营销量。"携程订酒店机票火车票汽车票门票"小程序在原则与技巧上正确应用了前边所学的技能点,具体体现如表 4.5 所示。

图 4.46　携程旅行网购票

图 4.47　携程旅行网购票筛选

表 4.5　技能体现

技能	体现
有创意的口号	提出了"携程在手,说走就走"的广告词
质量过硬的产品	推出了超低价活动,满足更多的消费人群,增加了顾客的使用率
尽善尽美的服务	为顾客提供度假帮助
方便快捷的平台	对订单有疑问、不满等情况下,点开"微服务",选择"智能客服",通过合理的方式进行求助
分析竞争对手的目标	对使用小程序购买步骤进行了简化

【拓展目的】

了解产品的特性,注意销售过程中的互动性,学会分析同类产品中的争竞对手。

【拓展内容】

根据任务提供的小程序,营销"王卡申请助手"小程序中的产品,总结微信营销的原则技巧。

【拓展步骤】

（1）提供素材

图 4.48 所示为提供的小程序，分析"王卡申请助手"小程序中各个模块，为下一步营销做准备。

图 4.48　王卡申请助手小程序

（2）页面框架图

图 4.49 为展示页面效果的框架图。

| 宣传图 |
| 腾讯王卡 |
| 资费详情 |
| 免费应用推荐 |
| 免费申请 |

图 4.49　王卡申请助手小程序框架图

（3）根据素材填表

根据图 4.48、4.49 所示的基本素材（也可以根据自己查找的内容），分析产品特征，包含产品的特点、口号、附带服务等，填写表 4.6。

表 4.6　素材分析

小程序	明显特点				有创意的口号	附带服务
王卡申请助手						

本章介绍了微信营销的原则技巧，通过本章的学习可以了解通过产品特点、创意口号和产品附带服务来体现产品的特性，以粉丝的互动来掌握微信营销过程的互动性，学习以分析竞争对手的目标和竞争对手的营销手段来分析同类产品的竞争，学习之后能够分析微信营销原则技巧。

skills	技巧	fans	粉丝
propaganda	宣传	customer	客户
refused	拒绝	interactive	互动性
push	推送	guide	指导

一、填空题

1. 内容推送主要包括两个方面：_____ 以及推送形式。

2. 销售过程中应该注意 _____，让购买者觉得你是一个真实存在的人，这样可以拉近你与购买者之间的距离，有助于你开展一系列的营销行为。

3. _____ 是营销成功的根本。

4. 内容的定位应该结合 _____ 以及平台的定位，同时也需要从用户的角度出发，为用户着想，而不是单一的推送与产品有关的内容。

5. 良好的 _____ 可以塑造平台的完美形象，给用户留下最好的第一印象，让粉丝对平台心生好感，为粉丝创造购买产品的条件，让粉丝信任该企业及产品进而可以诱导粉丝的多次消费。

二、简答题

1. 根据用户属性精准定位应该注意什么。

2. 简述营销过程中怎样增强与用户之间的互动性。

【本章小结】

通过本章的学习，是否掌握了产品特性的使用，能否在销售过程中与顾客良好的互动，保持愉快的交流。根据实际情况完成下表的填写。

本章学习小结	
本章主要讲解了什么	
未掌握的知识技能	

本章学习小结	
学习本章掌握了什么	
根据营销的原则技巧，设计出自己的交流方式	
是否完成本章操作	☐ 正常　☑ 提前　☑ 延期
学习心得	
备注	

第五章　小程序推广与运营

通过小程序的推广与运营,了解如何使用小程序码进行推广,熟悉小程序入口推广的方法,掌握使用社交工具推广小程序,具备小程序推广与运营能力。在任务实现过程中:

- 了解小程序码线下推广的技巧。
- 熟悉小程序入口推广的方法。
- 掌握如何使用社交工具推广小程序。
- 具备将小程序推广和运营的能力。

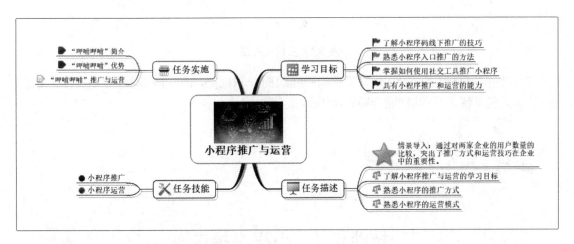

【情境导入】

微信营销是否能够取得良好的效果,取决于小程序的运营是否成功。小程序运营有着巨大的学问。有些企业投入大量财力、物力、人力运营一段时间后,使用人数依旧很少,无法创造任何价值,有些企业却能在很短时间内获得十几万甚至几十万的用户使用量。因此需要对其的推广方式、运营技巧等有所了解,才能有效推广。本章主要通过"呷哺呷哺"小程序的推广与运营介绍了现有微信公众号关联、运营技巧等,学习如何进行高效的推广,如何能够获取更多用户。

【功能描述】

本章将实现"呷哺呷哺"餐饮类小程序的推广与运营,实现流程如图 5.1 所示。

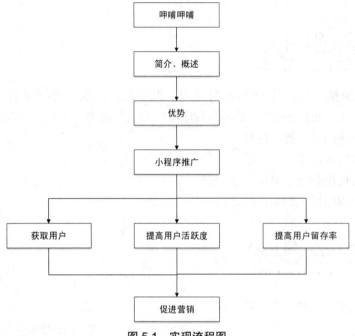

图 5.1   实现流程图

通过"呷哺呷哺"的案例,介绍了呷哺呷哺的简介和优势,阐述了呷哺呷哺小程序的推广方式,并详细讲解了"呷哺呷哺"小程序的后期运营。

技能点 1   小程序推广

目前微信小程序的市场非常广阔,很多企业、商家或个人都开始创建自己的小程序。小程序作为一个推广引流(利用推广方式,吸引客户)的工具,主动推广是必要的,其目的是让更多的用户使用小程序(提高产品的曝光率)。小程序虽然带有很多被动引流特性,但用户大多情况下会有所忽视。如图 5.2 所示,为常见的几种推广方式。

图 5.2　推广方式

1. 小程序码线下推广

（1）小程序码简介

扫描二维码是微信最常用的推广方式之一,微信小程序也可适用,小程序二维码具有直扫直用、高效实用等特点,用户通过扫描二维码可快速进入小程序,方便用户使用。马化腾曾经说过二维码将成为小程序线上线下关键入口,因此强化并注重小程序二维码的推广是必要的。强化方式有多种,如对用户进行利益促销等。商家可将小程序二维码张贴在自己的门店较为醒目的地方,并配有优惠活动,如图 5.3 所示,麦当劳将小程序二维码铺满店。

图 5.3　醒目的地方

除了放在店铺中,也可将其嵌入到线上线下海报或户外活动中,如微信群、朋友圈、火车站、地铁站、电梯等,如图 5.4 所示,将大大提高用户使用率。

图 5.4　线下线上推广

（2）小程序码优势

小程序二维码有普通方形和特有圆型两种形式，如图 5.5、5.6 所示。相对于普通方形二维码而言，小程序推出的圆型二维码更加吸引用户，外形如放射的小太阳，独特的外观，便于引流，并且与普通二维码区别开（网上具有多种二维码生成器，不少非法分子将带有病毒的网址链接生成二维码），让用户放心扫码。

图 5.5　普通二维码　　　　　　　　　　　　　图 5.6　小程序码

小程序码相比普通二维码具有如下优势：

● 颜值高：小程序码几何感更加时尚，还可智能取色、自定义色值，具有高颜值外表。

● 容错率高：二维码中间有头像是因为二维码具有容错功能（二维码被部分遮挡后仍能被正常扫描），容错率限制了中间区域的大小，容错率高，中间区域就可更大，对比图 5.9 和图 5.10，小程序码容错率更高。

● 识别性强：小程序码中间部分相比同等大小的普通二维码更容易清晰识别。

● 安全性高：小程序是微信自有的产品，目前无法通过其他工具生成，提高了安全性。

（3）小程序码推广

在使用小程序码之前首先需要获取小程序码，步骤如下：

第一步：登录微信公众平台，点击"设置"，如图 5.7 所示。

图 5.7 点击"设置"

第二步：找到"小程序码"，点击"下载更多尺寸"，如图 5.8 所示。

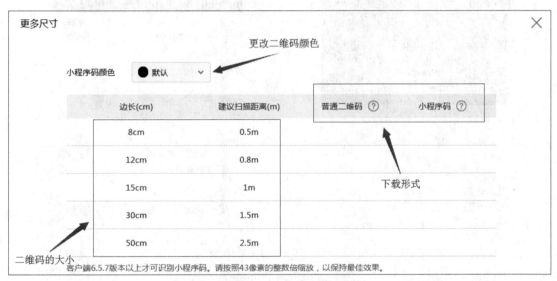

图 5.8 小程序下载

第三步：选择需要的外形和尺寸进行下载。麦当劳小程序码如图 5.9 所示。

获取小程序码后，需要考虑如何吸引用户来使用小程序。在小程序码线下推广时，要具体思考，扫描小程序码后给用户带来什么利益，如获得什么礼品或优惠券等。只有利益的衬托，才能吸引更多的用户扫描小程序码。如图 5.10 所示，麦当劳在门店张贴的海报。

图 5.9 麦当劳小程序码

图 5.10 麦当劳海报

　　"小程序点餐不排队"吸引了众多用户眼球,通过扫描小程序码进行点餐,可以节省用户排队点餐的时间,而用户使用小程序完成点餐后,通常会获得一定的积分,用户累积到一定积分后,即可参与积分活动,如图 5.11 所示,积分可用于在积分商城中兑换优惠券。

图 5.11 积分兑换

　　用户通过扫描小程序码使用小程序可以节省时间,并且还可使用积分兑换优惠券,减少消费金额,给用户带来很大的利益,因此,越来越多的用户使用小程序进行点餐。

　　(4)常见误区

　　在二维码推广时,为了快速宣传自己的商品,运营者的想法层出不穷,不少运营者对二维码的处理不当,导致推广效果大大削弱,以下为常见的几种处理不当的方式,在推广时应尽量避免。

①越大越好

经常有运营者在做海报时将二维码做的非常大,他们坚信二维码一定要比竞争对手大,才能吸引更多用户,但是,二维码的推广比的不是大小,而是创意以及给用户带来的利益。图5.12 为某商家的二维码广告。

图 5.12 某公司二维码广告

正常情况下,用户站在楼下是无法扫描的,要想扫描此二维码,除非到对面马路或更远的地方,才能将全部二维码放进扫码框中。

②快速运动

公交车作为一种走固定路线的交通工具,经常出现在人们眼前,因此吸引一些运营者将其选为推广载体,如图 5.13 所示。

图 5.13 快速运动场景

但是用户在扫描二维码的过程中必须经历：拿出手机→打开微信→对准二维码→扫描成功过程。这会出现用户没来得及扫描，公交车已经开走的情况。因此，尽量避免选择快速运动的场景。

2. 小程序入口推广

微信中提供了多种小程序的入口，通过搜索、附近的小程序、公众号等都可进入小程序，而优化这些入口，将加快小程序的曝光率。

（1）搜索优化

用户查找小程序的最快捷方式无非是搜索，与搜索词匹配率高的小程序出现的可能性更高。因此对搜索进行优化是非常重要的。搜索优化主要是通过优化名称、关键词等来提升小程序被搜索的概率。通过在微信界面下滑或在发现界面点击小程序，可进入小程序的搜索界面，效果如图 5.14 所示。

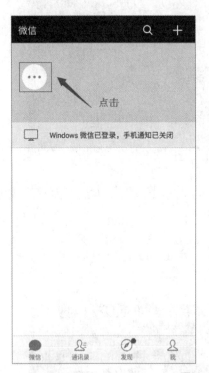

图 5.14　搜索界面入口

点击后效果如图 5.15 所示。

① 名称优化

一个好的名称决定了小程序被搜索到的概率。因此名称优化对小程序推广非常重要，其主要作用是将名称优化后的小程序在众多小程序中脱颖而出，使用名称优化的优点主要有以下几点。

第一，当用户输入关键词可直接找到该商家小程序。

第二，提高该商家小程序的知名度。

第三，提高该商家小程序的访问量。

第四，减少该商家小程序的推广费用。

最常见的优化方式如表 5.1 所示。

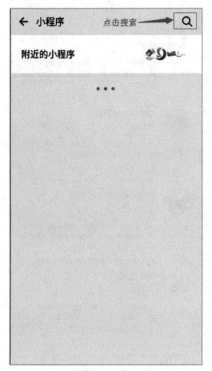

图 5.15　点击搜索

表 5.1　优化方式

方式	描述
热词名称	选择搜索率高的关键词嵌入名称中
参考名称	在不知道如何确定名称时,可参考同类型的其他小程序,也可直接选取一个较好的名称,再添加一些辅助词语作为名称
关键词名称	在关键词较少的情况下,可直接使用主关键词作为名称
新颖式名称	以与产品相关的话题命名,名称中不涉及或涉及少量关键词
堆积式名称	围绕着主要产品与服务形成的关键词进行编写标题
品牌名称	若产品品牌被大多数用户所熟知,可将品牌作为关键词嵌入名称

麦当劳作为全球知名品牌,其将品牌作为关键词嵌入小程序名称中,促使品牌粉丝转变成小程序粉丝,拥有一定用户的访问量。但并不是所有商家的小程序都拥有好的名称,如 CrossFit,是一家健身公司,具有完整的健身体系,与麦当劳类似,同样将品牌名作为关键词嵌入小程序名称中:"CrossFit 战健身训练馆"。但是 CrossFit 在中国并不流行,大多数用户并不知道 CrossFit,因此以品牌作为关键词被用户搜索的概率很低。虽然 CrossFit 也采用了搜索率较高的关键词:"健身",但是整体名称并不是很突出,搜索"健身"效果如图 5.16 所示。

搜索结果显示"CrossFit 战健身训练馆"在小程序列表的后面,导致该公司的潜在客户需要在搜索结果界面向下翻好久才能看到该小程序。效果如图 5.17 所示。

图 5.16　搜索"健身"

图 5.17　搜索结果

没有用户愿意花费长时间去找一个不被熟知的产品,导致那些潜在用户将不会知道这个小程序。因此名称优化对于小程序的推广是至关重要的。

②关键词优化

关键词是小程序列表排名的重要因素,将关键词嵌入名称或内容详细介绍中,可提高小程序的曝光率。关键词大致分为两种:核心关键词和拓展关键词。核心关键词体现的是小程序的核心思想,拓展关键词是除核心关键词之外的关键词,虽不具备小程序的核心主题,但也与小程序密切相关。

● 关键词选取

关键词的选取必须考虑多种因素,如:行业相关性、关键词价值、用户需求量、用户搜索习惯等。而关键词本身包括品牌词、产品词、行业词等。如图 5.18 所示。

图 5.18　关键词选取技巧

因此,挑选关键词需注意以下几点。

第一,关键词应与小程序有关,切勿被不相关的热词影响。

第二,应选取具体关键词,避免含义宽泛的词语。如生活、文化等。

第三,在使用英文单词作为关键词时,最好使用该单词的最长形态。如 month,可以定为 months。

第四,切勿出现英文单词拼错的情况。如 months,经常有人拼为 monthes。

第五,在不知道如何选择关键词的情况下,可参考竞争对手的关键词或查看百度指数、微信指数结合本身的小程序业务选取,切勿乱填。

第六,对于停用词、过滤词不可考虑。

● 配置关键词

在小程序后台的推广模块中可配置最多 10 个关键词,只有和小程序业务相关的词语才能通过,申请时需要 7 天审核期,每个月可修改三次,审核时间为 7 天。因此建议一次性添加 10 个,增加审核率。添加关键词步骤如下。

第一步:登录微信公众平台 | 小程序,点击"推广",操作如图 5.19 所示。

图 5.19　点击"推广"

第二步:选择添加关键词(根据场景需求选择),操作如图 5.20 所示。

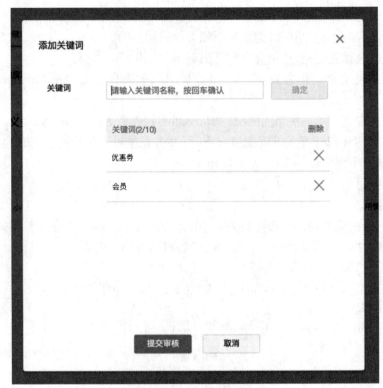

图 5.20　添加关键词

第三步：输入完成后选择"提交审核"，等待 7 个工作日，如果审核通过，该小程序将绑定审核通过的关键词，效果如图 5.21 所示。

关键词管理 ② 可配置最多10个与业务相关的关键词，关键词在审核通过后，会和小程序的服务质量、用户使用情况等因素，共同影响搜索结果

提交时间　2017-06-17 14:16:23

使用状态　审核通过,使用中　审核时间为7个工作日

还可以修改3次关键词　　修改关键词

关键词	审核状态	备注信息
优惠券	审核通过	
会员	审核通过	

图 5.21　审核通过

● 小程序列表布局

关键词选定后，如何布局对于商家也是一大考验，如图 5.22 可以看出小程序的列表展示页是由小程序的图标、名称及详情介绍组成。

图 5.22　关键词布局

因此建议,尽量以指数最大的关键词作为图标,名称、内容详情由核心关键词、品牌词等组成。此做法将提高小程序的曝光率,进而增强用户点击量。表 5.2 为几种大品牌的小程序列表布局。

表 5.2　小程序列表布局

小程序名称	图标	名称	内容	关键词		效果图
				品牌关键词	核心关键词	
麦当劳		i 麦当劳	为顾客提供会员注册,消费得积分,以及积分换优惠券等功能服务	✓		
腾讯视频		腾讯视频	腾讯视频小程序是一款内容丰富的移动视频播放应用,《鬼吹灯》、《斗破苍穹》、《西部》	✓	✓	
唯品会		唯品会	唯品会官方小程序,全球精选,正品特卖。每天早10点&晚8点上新,优惠券限时领取	✓		

● 关键词应用

用户健身一般以减肥塑型为目的,尽管他的身材很好,如图 5.23 所示的"闪电健身运动减肥"小程序。

图 5.23 健身类小程序

众所周知,"健身""运动"和"减肥"这三个关键词是关联的,无论出现哪一个,必然会关联到另外两个上。"闪电健身运动减肥"小程序将这三个关键词组合一起作为名称,无论用户搜索这三个关键词中的哪一个,"闪电健身运动减肥"小程序都将出现在界面中,如图 5.24 所示。而"健身多多"小程序只有当用户搜索关键词"健身"时才能够出现,相比之下,"闪电健身运动减肥"小程序的曝光率要高出很多。

不仅如此,"闪电"代表速度,将闪电作为图标,更是体现了"闪电健身运动减肥"的效果高、速度快等特点。而"健身多多"则以一个长满肌肉的卡通人物作为图标,使想要塑型的女性望而止步。

对搜索进行优化,不仅效果好,而且成本较低,商家无须投入任何资金即可进行操作。不仅如此,还能提高小程序流量、知名度以及品牌形象等。

(2)附近的小程序

附近的小程序是微信提供免费推广小程序的方式之一。任何商家都可注册商家小程序地址,将小程序展示到距离自己店铺 5 公里以内的地方。而对于用户来说,附近的小程序也便于使用。将小程序展示到附近的小程序步骤如下。

第一步:登录微信公众平台 | 小程序,点击"附近的小程序",选择开通,如图 5.25 所示。

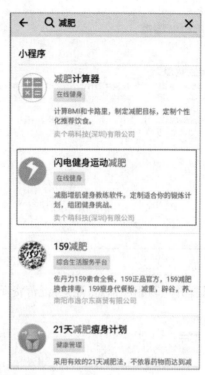

图 5.24　"闪电健身运动减肥"小程序

图 5.25　开通附近的小程序

第二步：开通后，选择添加小程序，如图 5.26 所示。

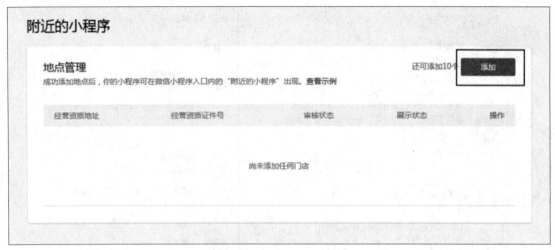

图 5.26　开通附近的小程序

选择并填写相应信息，注意：经营资质证件号最后一个字母大写，如图 5.27 所示。

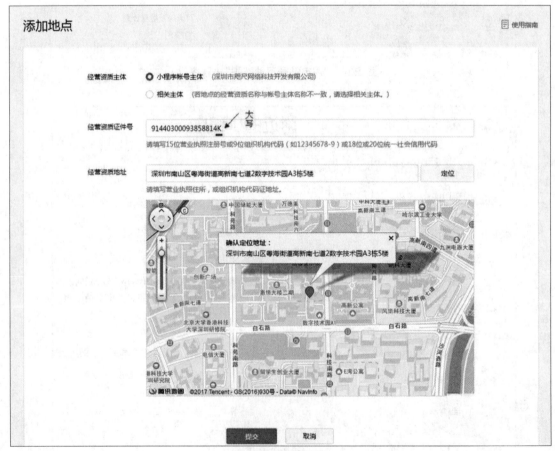

图 5.27　填写信息

第三步：信息确认无误后，点击"提交"，等待审核，审核进度如图 5.28 所示。

附近的小程序

地点管理

成功添加地点后，你的小程序可在微信小程序入口内的"附近的小程序"出现。查看示例

还可添加9个　　添加

经营资质地址	经营资质证件号	审核状态	展示状态	操作
		审核中	未展示	

图 5.28　审核进度

审核成功后，点击图 5.25 所示附近的小程序。可在附近的小程序中查到该小程序，效果如图 5.29 所示。

附近的小程序对小程序进行多种分类，方便用户快速查找。其分类为："餐饮美食""商超便利""美妆护理""服饰箱包"等。如：麦当劳，其属于餐饮美食，选择"餐饮美食"如图 5.30 所示。

图 5.29　附近的小程序

图 5.30　"餐饮美食"

在小程序名称的下面显示了附近麦当劳店铺的详细地址，便于用户到店消费。附近的小程序不仅及时满足用户需求，也帮助商家快速曝光小程序。

（3）现有微信公众号关联（关联步骤详见《微信小程序项目实战》）

不能推送是小程序的一大缺点，通过与微信公众号关联正好弥补了这一缺点。利用公众

号庞大的阅读量,可迅速增加小程序的流量与曝光。如图 5.31 所示。

图 5.31 公众号 + 小程序

①关联的优势

微信小程序与公众号相关联,具有如下优势。

一是便于在朋友圈推广:目前,小程序不能直接分享到朋友圈,通过公众号文章便可分享到朋友圈。

二是便于传播内容:内容对运营非常重要,小程序做内容页面只能发到好友或微信群,通过公众号图文体验会更好。

三是便于接触用户:公众号可以进行推送,只要推送就有阅读量。可通过公众号的更新,与小程序的用户建立稳定的连接或互动。

②关联的方式

公众号关联微信小程序的方式如下所示。

一是可以把部分公众号用户的行为导入小程序,从而培养用户的使用习惯,并进行进一步的交互。

二是在公众号的菜单栏和资料页同时设置小程序,增加入口,提高小程序的使用率。

三是在公众号文章中嵌入文字或图片链接的小程序卡片,实现小程序跳转,或直接放置小程序码使用户扫码跳转。

③关联的规则

公众号与微信小程序关联并不是随意而为的,其关联规则如下。

一是所有公众号都可以关联小程序。

二是一个公众号可关联 10 个同主体的小程序,3 个不同主体的小程序。

三是一个小程序可关联 500 个公众号。

四是公众号一个月可新增关联小程序 13 次,小程序一个月可新增关联 500 次。

关联后小程序会在公众号的关注页出现入口,也可通过具有小程序链接的公众号文章或公众号菜单进入。

④微信公众号关联小程序应用

麦当劳在店铺内张贴小程序码,节省了用户点餐、等餐的时间,但是在早班高峰期,用户到店扫码点餐,还是会有一定的等餐时间,为此,麦当劳针对时间紧急的用户,在公众号内关联"i

麦当劳"小程序,用户在未到店时可提前下单,到店后直接取餐,节省了用户更多时间,提高了用户体验,增加了店铺的收益。公众号关联小程序后如图 5.32 所示。

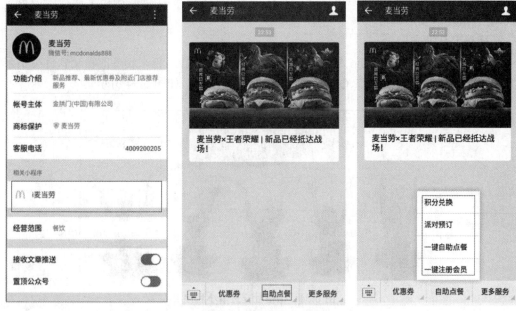

图 5.32 麦当劳 + 小程序

现在无论走进哪一家肯德基店,都不再有排长队的情况,工作人员只须要机器接单、装盘、提示叫号,被叫到号的用户自取食物,一切秩序井然。这一切的功劳归功于小程序公众号。如图 5.33 所示。

图 5.33 麦当劳自助点餐小程序

　　公众号关联微信小程序具有方便、快捷、一目了然等特点，帮助商家和消费者砍掉一些不必要的环节，对于商家来说，提高用户体验、降低推广成本；对于消费者来说，只须关注公众号，无需下载，省时、省力、消费体验也更佳。公众号关联微信小程序同时满足了商户与消费者的需求，符合市场的发展趋势。

3. 社交工具推广

　　随着网络的不断发展，人与人之间的沟通不再具有局限性，越来越多的社交软件将信息传递方式变得更加灵活。如微信、QQ、微博、来往等社交软件。如图 5.34 所示。

图 5.34　微信社交分享小程序

　　通过这些社交软件，采用拼团、分享等优惠方式，引导用户分享，将大大提高小程序的推广率。在本书中主要介绍微信社交分享小程序。如将"每日优鲜"小程序分享到微信中，如图 5.35 所示。

图 5.35　分享"每日优鲜"小程序

（1）通过好友分享推广

微信小程序可以直接分享给好友。通过好友分享推广也是小程序推广常用的武器之一。商家通过优惠活动来吸引用户,让用户不得不分享给好友来得到此优惠。

举例:每日优鲜是一个主攻生鲜的平台,其包含了水果蔬菜、牛奶零食等多类产品。具有价格亲民,并且送货时间快等优势,其每天都具有的优惠活动更是一大亮点。如近日推出的"集 5 个赞 0 元喝"的活动,当用户进入小程序后,首先被这条信息所吸引。当进入后会发现需要 5 个好友的助力才可得到。如图 5.36 所示。

图 5.36　"每日优鲜"小程序

因此,为了得到 0 元喝,用户不得不将该小程序发给好友来寻求帮助。如图 5.37 所示。

通过好友分享可以快速将小程序推广出去,并且利用好友之间的信任,在一定程度上增加了小程序的使用率。

（2）通过微信群推广

微信小程序可直接分享到微信用户群中,因此一些定位精准的微信群可作为小程序推广的重要场所,如图 5.38 所示,为购物优惠群,经常可以看到该群里出现游戏接龙、拼团活动等小程序。

图 5.37　分享给好友　　　　　　　　图 5.38　分享到微信用户群

　　这种推广方式比传统公众号推广,具有多方面优势,对于用户,不需要点击链接、扫码或关注等,点击小程序可直接打开,即便不喜欢也不会造成任何困扰。对于商家,简单的操作且无需任何成本即可分享到各个微信群中,被广大用户所熟知。

　　举例:前面介绍的"每日优鲜",其推出的"1 折吃智利西梅"活动,吸引了大多数用户,智利西梅是一种营养丰富、味道鲜美的一种食物,产自南美洲的智利,属于进口产品。进口产品一般情况下会比国产产品贵好多,因此绝大多数用户会想要参与这个优惠活动,但是参与这个活动具有必要条件,需要分享到 8 个微信群,用户为了获得"1 折吃智利西梅",不得不将该小程序分享到 8 个群。庆幸的是小程序分享到微信群非常简单,只须动动手指即可完成。如图5.39 所示。

　　不仅如此,微信群中的其他用户也可能会参与到这个活动,大大提高了用户的分享率,从而加强了小程序的曝光率。分享后如图 5.40 所示。

　　当用户在微信群中分享小程序后,点击右上方的详情页,可看到聊天小程序,其包含了该群中已经分享过的所用小程序,增加了用户使用小程序的回头率。如图 5.41 所示。

　　利用微信群推广使小程序面向广大用户,将潜在用户直接转变为商家用户,提高了小程序的曝光率。

图 5.39　1 折吃智利西梅

图 5.40　分享给好友

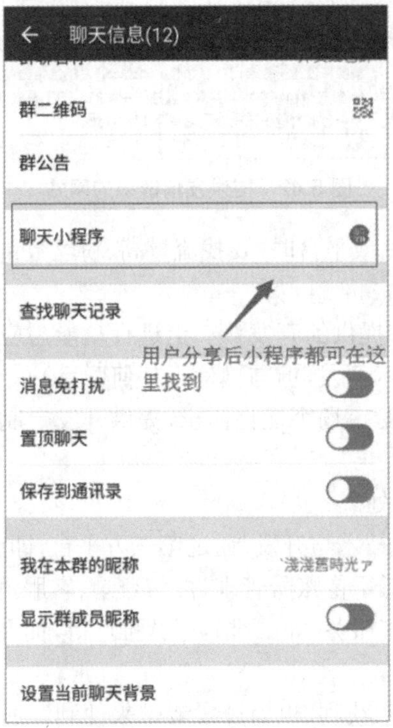

图 5.41　查看聊天小程序

4. 其他方式推广

（1）通过友情链接推广

小程序可通过其他平台的友情链接进行推广。所谓友情链接，是网站之间、平台之间，具有一定资源优势互补的一种简单合作形式，即分别在自己的产品上放置对方的一些信息以及跳转链接，便于客户在合作的网站中发现自己的小程序。增加使用率与曝光率。寻找提供友情链接的网站或平台的方式具有很多，如图 5.42 所示。以下为常用的几种方式。

一是去友情链接交换平台去寻找。

二是可使用友情链接交换软件。

三是与其他平台达成合作推广。

图 5.42　提供友情链接的网站

注意：在选择要链接的网站或平台时，要找流量高、粉丝数量多、内容好的网站或平台。

（2）与第三方平台合作推广

微信第三方平台是在微信提供的开发接口上进行功能与应用的开发平台，其存在需要依托于微信（也可用其他形式技术开发，但与微信无任何联系）。小程序的推广离不开第三方平台，原因是目前微信并没有应对市场个性化需求，提供开发定制的能力，但第三方却可完全脱离小程序。

①与第三方平台合作的好处

并不是所有的商家都懂得技术与开发，通过第三方平台，即使商家不编写代码也可快速拥有自己的小程序。不仅如此，对于像账号管理、微信登录、客服消息等功能，第三方平台也能提供，其可为小程序提供运营推广服务，如二维码运营推广等，而在这一过程中，商家只需为用户提供优质的服务即可。

在第三方平台中，不仅商家获利，也为开发者带来便利。通过第三方平台，开发者可以直接与广大商家对接，而不是在一次次的索要需求，而且开发者的代码可以很好地保密，知识产权得到保障。

②第三方推广

小程序第三方平台具有高效匹配等特点,即通过商家要求可匹配出满意度高的项目,并对产品的进度与质量进行监控,及时维护双方各自利益。通过第三方平台使小程序的门槛更低,使用率更高。以下为常见的通过第三方推广小程序的方法。

● 小程序商店

商家通过付费或其他方式将小程序投放至第三方小程序商店进行宣传,对方会根据具体规则以及商家需求推广小程序至首页或相应位置。

● 新媒体内容合作

通过推文将微信及其他媒体平台的流量进行导入,须注意文案的客观性和质量。同时找到与小程序的目标用户具有很高共性的媒体也是推广的关键。

● 运营公司推广

将小程序委托给运营公司,在运营公司下的微信社群中转发流通促成大量激活。此推广方法见效快,但投放的用户群不一定都是小程序的目标用户。如图 5.43 所示。

图 5.43　有客多运营公司

快来扫一扫!

　　通过以上的内容你是否已经学会了小程序的大部分推广方式?比如说使用公众号推广小程序。公众号对于我们来说是非常熟悉的,它不仅可以推广小程序,还具有自身的推广方式。扫描右方二维码可以进行查看。

技能点 2 小程序运营

微信小程序除了推广,最重要的还是运营。运营手段的好坏直接影响小程序后期受欢迎度和发展情况以及营销效果等。因此,商家将运营列为重中之重。小程序一直强调的"用完就走"这一特点,虽然吸引了大批用户,但也给运营者带来了很多困扰。运营的主要目的就是让更多的用户使用该产品,而用完就走会造成一定程度的用户流失。对于如何避免用户用完就走,并做到将用户形成裂变是运营的关键所在。正常情况下,运营者在运营前都会制定运营方案,以下为方案制定的几个切入点。

1. 获取用户

用户是小程序存在的基本,没有用户的小程序在竞争激烈的当今社会存活不了多久,因此如何获取用户应是运营者首要考虑的环节。在开发小程序之前,运营者应做好市场调研,了解用户的需求与自己产品的优势,开发出适合用户的小程序,然后根据自身的条件,选择适合的推广方式,将小程序推向用户,从而获取用户,如图 5.44 所示。

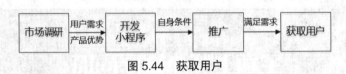

图 5.44 获取用户

麦当劳"i麦当劳"小程序就是应用户需求而推出的,包含了点餐、会员、积分兑换等功能,充分满足用户的核心需求,从根本上改善了用户体验。满足用户需求是获取用户策略之一,商家也可根据自身优势来获取用户。表 5.3 为获取用户的几种典型方式。

表 5.3 获取用户方式

方式	描述
线下门店	具有门店的商家,以小程序码嵌入海报的方式吸引用户,并推出各种优惠活动留住用户
社交分享	商家可对微信群、好友等精准转发,最好附上图文介绍,可通过亲情牌、友情牌来获取用户
公布投放	对于网商和工具类可在官网、公众号以及其他网络渠道进行合理公布投放

2. 提高用户活跃度

获取用户并不表示营销成功,长时间的不理睬会造成用户的流失,因此提高用户的活跃度是非常重要的。用户的生命周期一般分为三个阶段:潜在阶段,需要注意促进活跃度;活跃阶段,需要注重活动设计;沉默阶段,需要加强对用户的关怀。当吸引到第一批用户后,运营者需要通过策划各种活动来提高用户的活跃度,提高活跃度的方式具有多种,表 5.4 为提高活跃度的几种方式。

表 5.4　提高活跃度方式

方式	描述
针对性推送消息	加强与用户之间的交流
游戏奖励优惠券	增强用户的主动吸附力
话题讨论	让用户创造自己感兴趣的内容,提高参与度

如运营者在吸引第一批用户后可将其拉入商家微信群中,通过在群发布各种优惠信息可增强用户的吸附力,如图 5.45 所示。

图 5.45　提高用户活跃度

3. 提高用户留存率

提高用户活跃度可以加强用户的信任感,但是如何留住用户是一大问题。无论营销任何产品都需要维护好用户关系,降低用户取消订阅小程序是每一个运营者都必须克服的困难,以下为提高用户留存率几种常见方式。

一是做图文推广时,小程序应详细介绍。

二是小程序的名称与图标要有个性、创意,但同时也要突出小程序内容的关键,原因是用户在搜索小程序时看到的是小程序列表,因此名称与图标要优化处理。

三是小程序在开发时应注意首页的美观效果,原因是当用户点击小程序后,第一眼看到的是小程序首页,因此首页要简洁明了,使用户直接了解小程序的核心。

四是不轻易开发过轻型工具。如日历、时钟、计算器等,但可以将轻型工具商业化,如“美柚 App”小程序,是一款专门为女性健康管理的日历型小程序。

4. 裂变式传播

在维护用户关系的同时,如何将一个用户转变成更多用户是运营者深思熟虑的问题。在社交软件兴起后,裂变式传播成为快速发展的运营方式。当运营者推出某一利益活动后,用户如果想要参加,必须要进行分享,因此他会分享到社交网站上,而他的朋友看到他分享的内容,觉得还不错,也会再次进行分享,以此类推,一个人变成两个人,两个人又变成了四个人,这种成指数的增长为裂变式传播。对小程序运营而言,通过各种优惠活动可提高用户的分享率,也可基于公众号的内容,不断激活公众号粉丝。

"每日优鲜"推出的"集5个赞0元喝"的活动,当好友助力后也会获得这个优惠活动的机会,如果该好友也想获得0元喝,将会发给其他的好友。以此类推,越来越多的微信用户获得该优惠机会。如图 5.46 所示。

图 5.46　每日优鲜推出的优惠活动

营销中要想留住老用户,吸引新用户就得有后期的运营,通过以上的学习你应该已经了解了如何运营好小程序,那么你想知道公众号是如何运营的吗?一些大型企业也许不必操这个心,但是对于个人公众号来说,就需要掌握一些运行的技巧,扫描右方二维码进行了解。

以下为几种裂变的依托。

一是优惠活动吸引已有用户邀请新用户。

二是线上线下服务：线上提供客服功能，及时有效回复用户消息，解决用户需求；线下服务员贴心指导或小程序二维码摆放使用流程指导图。

三是优质产品：再好的服务也是依赖于自身产品。

四是优质产品＋线上线下服务促成口碑，用户水到渠成。

"呷哺呷哺"案例分析

（1）"呷哺呷哺"简介

"呷哺呷哺"是一家源自台湾的连锁火锅店，也是中国十大火锅品牌之一，如图 5.47 所示。其创办之初，不仅仅看中了餐饮市场的广阔发展空间，还注意到吧台式火锅能够更好地控制食品安全和质量，将传统饮食文化与现代健康理念相结合，开创了中国餐饮业的先河。目前，在中国拥有至少 600 家分店。一直将卫生清洁第一、营养健康为要、大众消费是本、亲切关怀得宜作为经营理念。一切以用户的利益为主，使每位用户都能舒适地享用美食。

图 5.47　呷哺呷哺

（2）"呷哺呷哺"优势

作为国内领先小火锅品牌，"呷哺呷哺"小火锅采用用户自己动手，无需厨师的经营模式，与其他餐饮业相比更具优势，如无厨师烹饪将减少门店占地空间以及对食品安全更容易控制等。不仅如此，肉类产品由总部从国内外一流的供应商处直接采购，而蔬菜更是坚持产地直送。"呷哺呷哺"的汤底、小料等均由中央厨房统一生产，并执行严格检查。独特的快速休闲用餐方式加强了用户用餐体验,而过强的质检更是使用户放心的食用。

(3)"呷哺呷哺"推广与运营

"呷哺呷哺"独特的经营管理方式吸引了大批量的客户,而应用户需求而推出的自助服务点餐类小程序更是为"呷哺呷哺"带来了更多的人流量,如图所示。"呷哺呷哺"小程序实现了线上线下的有效结合,减少了用户排队点餐的问题,提高了用户的用餐效率。如图 5.48 所示。

精简、明了的首界面,也是吸引用户的方式之一。当用户点开"呷哺呷哺"小程序,第一眼看到的就是一张由新鲜食材煮出的鸳鸯锅底,而鲜美的菌菇汤底与火红的麻辣汤底更是形成了鲜明的对比,激起用户食欲。而下面仅仅具有两个功能,即使用户不了解"呷哺呷哺"这款小程序,简单的提示操作也能够方便用户及时点餐。

用户点击"开始点餐"后,会跳转到地址的选择界面,小程序将地区进行分类,即使用户在不同地区也能享受"呷哺呷哺"小程序所带来的便利。如图 5.49 所示。

图 5.48 "呷哺呷哺"小程序

图 5.49 "呷哺呷哺"小程序地址的选择界面

在点餐的界面选择了比较新颖的木质颜色,搭配比较形象的归类图片,给用户眼前一亮的感觉,在页面的最上面展示"热销套餐",减少了用户单选所花费的时间。如图 5.50 所示。

为了提高用户的用餐体验,"呷哺呷哺"鼓励用户使用小程序点餐,因此"呷哺呷哺"在推广运营小程序时花费了很多心思。

①推广小程序

由于"呷哺呷哺"的公众号已经推出,积累了不少的粉丝量,考虑到现有资源,"呷哺呷哺"着重采用公众号关联小程序的方式(关联步骤详见《微信小程序项目实战》)进行推广。关联后效果如图 5.51 所示。

图 5.50 "呷哺呷哺"小程序开始点餐

图 5.51 关联后效果

可通过公众号推文的形式宣传小程序,增加小程序的粉丝量,推文展示部分方式如下。

一是文字展示,仅填写文字,如图 5.52 所示。对于"呷哺呷哺"小程序,主要目的是帮助用户点餐,因此可编写类似"如需点餐,请点击我"的话语,便于用户识别。

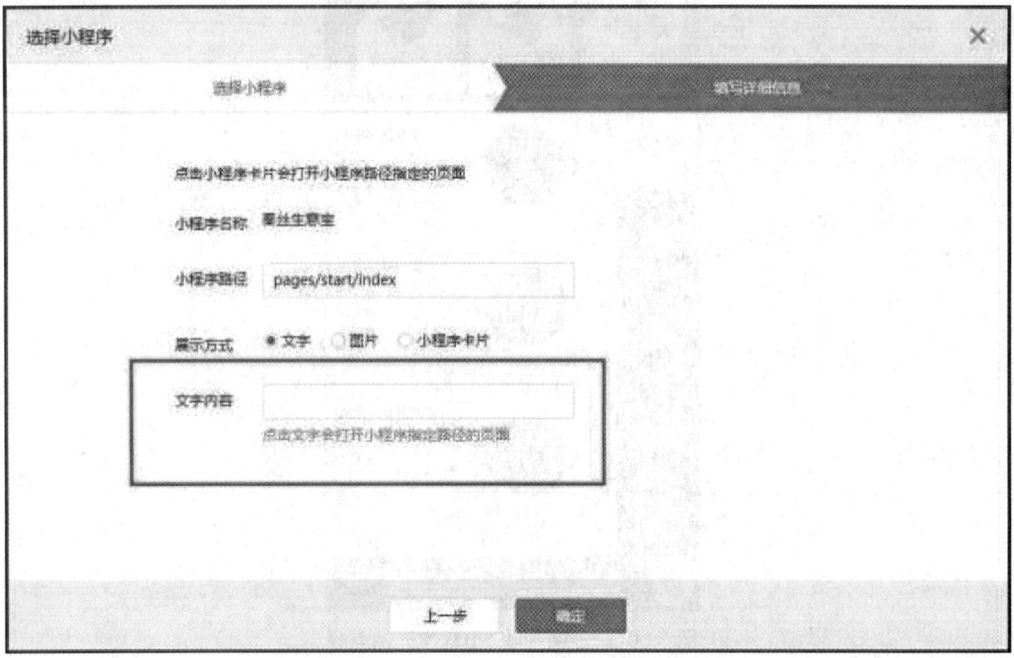

图 5.52　"呷哺呷哺"小程序开始点餐

二是图片展示,仅上传图片,如图 5.53 所示。图片展示的方式虽然没有文字展示的针对性,但却比纯文字的展示更具吸引力。

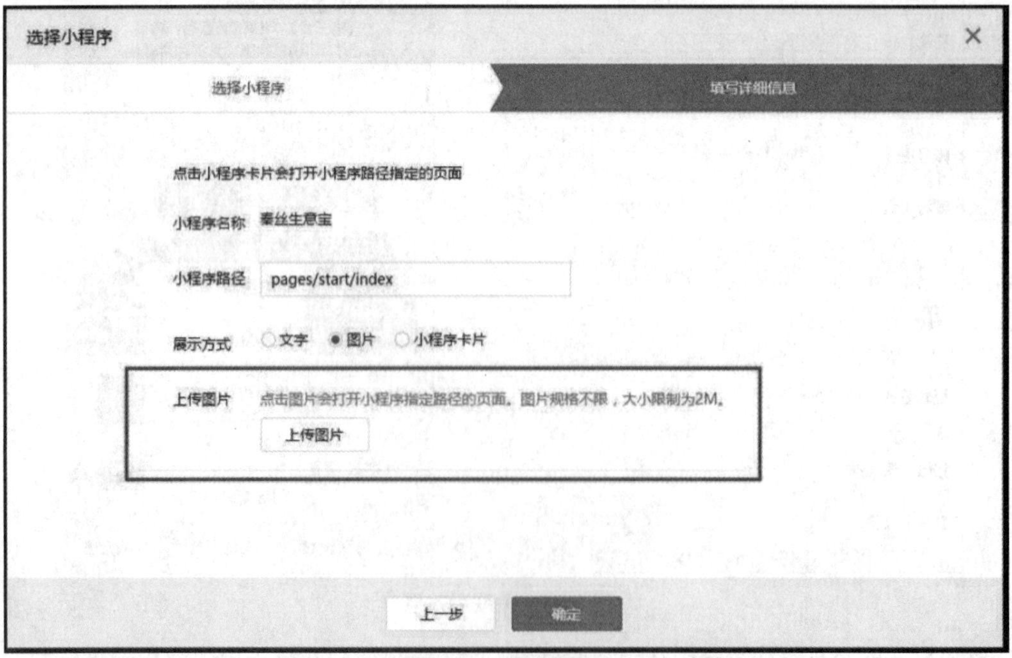

图 5.53　图文展示

"呷哺呷哺"采用与小程序中售卖产品相同的图片进行展示,避免用户产生不必要的误会,如图 5.54 所示。

图 5.54　售卖产品相同的图片

②推出优惠活动获取用户

"呷哺呷哺"通过公众号发布的图文消息即时推出送优惠券等优惠活动,增加用户的用餐率。如图 5.55 所示,标题以"开奖了!看看大奖花落谁家?"命名,吸引众多用户的眼球,符合用户的消费心理。

而当用户点进去第一眼看到的是一个小人举着优惠卡以及黄金的搞笑图片,如图 5.56 所示,这是"呷哺呷哺"变相地告诉用户,只要参加这次活动,将有机会获得优惠券和黄金两大礼品,以绝对的优势吸引客户。

③"呷哺爱心林"提高用户活跃度

不少用户都希望为社会做出贡献,呷哺呷哺针对这一类用户推出了"呷哺爱心林"活动,只要在"呷哺呷哺"外带或外卖消费的用户都可领养小树。根据用户感兴趣的内容推出的活动大大提高了用户的活跃度,如图 5.57 所示。

图 5.55 "呷哺呷哺"发送图文消息

图 5.56 "呷哺呷哺"搞笑图片

图 5.57 呷哺爱心林

④加入会员提高留存率

一是"呷哺呷哺"在公众号菜单中推出只要用户加入会员,即可获得优惠券活动。如图
5.58 所示。

图 5.58　加入会员获取优惠券

当用户加入会员后,即可享受指定锅底半价优惠。如图 5.59 所示。

图 5.59　锅底半价活动

　　二是当用户加入会员后,可通过"会员活动"随时查看"呷哺呷哺"推出的会员活动。如图 5.60 所示。

图 5.60　查看推出的会员活动

　　"呷哺呷哺"推出的会员积分活动,更是吸引了众多老用户。随着积分的不断增加,享受的优惠活动也就越多,引诱用户不断消费。如图 5.61 所示。

图 5.61　会员积分活动

　　"呷哺呷哺"在节日的前后为用户推出各种福利,例如,"春日利是为你打 Call",是针对于春节后,吸引用户回归的活动,标题的名字结合了最近流行的网络用语,不失潮流,而优惠券以红包的形式出现在客户眼前,更是为客户带来过节的喜庆。如图 5.62 所示。

图 5.62　春日利是为你打 Call

　　"呷哺呷哺"通过小程序的推广与运营,不仅提高了"呷哺呷哺"的产品销售量,也加强了用户的用餐体验。

　　"呷哺呷哺"小程序在推广与运营上采用了前面所学的技能点,具体体现如表 5.5 所示。

表 5.5　推广与运营

技能	体现
公众号关联推广	将现有公众号粉丝转变为小程序粉丝
获取用户	推出多重优惠活动吸引用户
提高用户活跃度	利用"呷哺爱心林"活动带动用户消费
提高留存率	加入会员专享更多优惠,不断推出会员积分活动

【拓展目的】

熟悉推广和运营的流程,掌握独立推广运营的能力。

【拓展内容】

根据《微信小程序项目实战》,编写"KeepFit 健身"小程序或选择一款小程序并发布,如图 5.63 所示为"KeepFit 健身",然后对其进行搜索优化并运营。

图 5.63　"KeepFit 健身"

【拓展步骤】

(1)选择关键词

选择关键词,对小程序列表进行布局,填写表 5.6。

表 5.6　布局

小程序	关键词				图标	名称	内容
KeepFit 健身							

(2)获取用户

将"keepFit 健身"小程序分享到好友或微信群中,并单独创建一个微信群,将潜在用户拉入群中,如图 5.64 所示。

图 5.64　获取用户

（3）提高活跃度

针对潜在用户,时常发布一些健身图片,提高用户的活跃度,健身图片如图 5.65 所示。

图 5.65　健身图片

（4）裂变式传播

可推出推荐用户即可享受报名时优惠或获得免费课时的活动,通过用户拉取用户的方式进行裂变式传播。

　　本章介绍了"呷哺呷哺"小程序的推广与运营,通过本章的学习可以了解小程序的推广方式,分别以二维码线下推广、小程序入口推广、社交工具以及其他方式推广来介绍,熟悉小程序的运营技巧,学习之后能够对小程序进行推广和运营。

promote	推广	operating	运营
program	程序	social	社交
tools	工具	vote	投票
traditional	传统的	active	活跃度

一、填空题

　　1. 小程序推广方式有二维码线下推广、_____、_____、其他方式推广。

　　2. 相对于普通方形二维码而言,小程序推出的 _____ 更加吸引用户,外形如放射的小太阳,独特的外观,更加吸引用户,便于引流,并且与普通二维码区别开,让用户放心扫码。

　　3. 小程序码相比普通二维码具有颜值高、_____ 容错率高、_____ 优势。

　　4. 微信小程序排名的先后顺序主要有四大因素:_____、关键词出现次数、名称、_____。

　　5. 微信中提供了多种小程序的入口,通过搜索、_____、公众号等都可进入小程序。

二、简答题

　　1. 关键词是小程序推广的重要因素,可以分为哪两种并分别简介。

　　2. 正常情况下,商家在运营前都会制定运营方案,方案制定的切入点是什么并分别简介。

　　【本章小结】

　　通过本章的学习,是否掌握了小程序推广的方式,能否独立进行小程序的运营,对小程序的推广与运营是否有新的认识。根据实际情况完成下表的填写。

本章学习小结	
本章主要讲解了什么	
未掌握的知识技能	
学习本章掌握了什么	
关于小程序运营自己的想法	
是否完成本章操作	☑ 正常　　□ 提前　　□ 延期
学习心得	
备注	

第六章　微信营销的考核和评估

通过微信营销的考核和评估,学习微信营销的考核和评估方法,了解微信营销的考核评估,熟悉 KPI 考核的概念以及计算方法,掌握微信数据统计方法,具有考核和评估微信营销结果的能力。在任务实现过程中:

- 了解微信营销的考核评估。
- 熟悉 KPI 考核。
- 掌握微信数据统计方法。
- 具备营销考核和评估的能力。

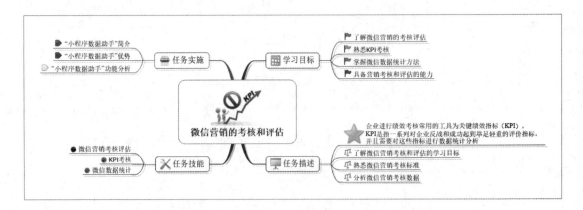

【情境导入】

微信营销的考核和评估效果可以判定营销效果的好坏。企业进行绩效考核常用的工具为关键绩效指标(KPI), KPI 是指一系列对企业反战和成功起到举足轻重的评价指标,并且需要对这些指标进行数据统计分析等,而本章主要介绍如何使用"小程序数据助手"进行营销数据分析以及考核评估等,并根据分析结果进行营销产品优化。

【功能描述】

本章主要讲解如何对微信营销进行考核和评估并使用微信数据统计来分析。如图 6.1所示。

图 6.1　微信营销的考核流程

通过"小程序数据助手"案例,介绍了小程序数据助手的简介和优势,阐述了小程序数据助手的使用方法,并介绍了如何分析营销数据。

技能点 1　微信营销考核评估

进行一段时间的运营后,通常情况下只能了解销售量的多少,却不能对运营的整体效果做出准确的判断。因此这样的评估不是科学的、准确的,所以就必须有一个核算的标准来帮助用户观察和分析微信营销的整体效果。

1. 微信营销效果评估

微信营销的效果评估是对企业发展及成功起到重要作用的评价指标,通过效果评估企业可以观察其产品的营销要素,可以根据数据分析结果及时优化产品,保证营销良好的运营。

（1）互动频率

微信的互动频率是指用户对企业微信小程序的使用频率,这方面的考核指标包含以下三部分。

①浏览量

浏览量能够说明关注者的参与程度,浏览量越高,访问微信小程序的人越多、越频繁。同时对所推送的信息达到了良好的传播效果。如图6.2所示为某小程序2018年3月中旬日浏览量折线图。

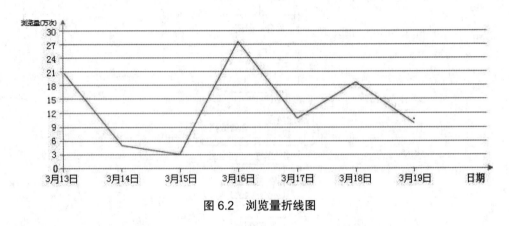

图6.2 浏览量折线图

②评论量

在微信上,所发布的任何信息都可能会成为双向沟通的话题。评论的人越多,信息关注率就越高,话题越有针对性,因此可以根据用户的评论来进行话题策划。

③分享率

要想使内容得到更快的传播,见效最快,最为便捷的方式是分享。分享的方式有很多,例如:好友圈、微信群以及其他的社交平台(如微博、QQ)等。分享的人越多,信息的传播范围就越广,传播速度也就越快。

（2）功能受欢迎度

微信小程序的功能主要包括三部分:内容功能、营销设计功能、实用功能。

内容功能是基于用户需求和企业之间相对应的命令端口和内容页面的功能,例如用户输入企业名称能获得企业的相关详情介绍。如图6.3所示。

营销设计功能是指企业根据自身的营销需求对微信小程序的内容、栏目、板式进行设计。例如一些外语培训学校用听力测试功能与粉丝进行直接的互动。如图6.4所示。

实用功能是指一些类似天气预报查询、快递服务查询、股票信息查询等实用性的功能,以及企业根据自身的特点利用开放接口开发出来的其他功能。功能受欢迎程度的情况决定了粉丝对于企业的依赖程度。如图6.5所示天气预报查询功能。

图 6.3　内容功能图

图 6.4　营销设计功能图

图 6.5　实用功能图

（3）粉丝数、粉丝评价

对于粉丝数的评估要充分考虑到微信营销的指标、功能的使用情况以及信息的传播效果。粉丝数是第一指标，这决定了传播的直接效果，精准粉丝数越多，消息阅读量会越高，目标人群就会增加，微信营销的效果就越好。但是要注意不能过于追求粉丝数量而忽视了质量。

粉丝评价是最能直观反应微信营销效果的方式之一。当用户体验微信小程序的所有内容和功能后，会编写评语来反应使用的真实情况。如图6.6所示。

图6.6 写评语

（4）流失率

微信小程序的用户可随时取消小程序的关注，流失率指的就是这种掉粉状况。一般而言吸引新客户的成本是留住老客户的好多倍甚至几十倍，而精准客户流失更是极大损失，因此流失率是考核微信运营的重要指标，绝不能因为流失小于用户增长而忽略对流失用户的关注。如图6.7所示。

图 6.7　招回流失用户

（5）转化率

微信小程序是否能够盈利，转化率是非常关键的标准。从线上的关注到线下的消费，或是从线上的关注到线上的消费，每一次好友到客户的转化，以及好友转化的比例，都是最终考评营销效果的关键。微信转化率的考核指标包括品牌、产品吸引力、服务、用户体验等。这几个方面做得越好，转化率就越高。

2. 评估模式

微信小程序的评估模式又称 AESAR 模式，由于微信小程序对用户产生的影响主要分为五个主要阶段：获取（Acquisition）、参与（Engagement）、态度（Sentiment）、行动（Action）、保留（Retention），通过引起粉丝关注、鼓励用户参与、改善用户的态度、促使用户行为、实现对用户的保留这五个阶段来循序渐进。如图 6.8 所示。

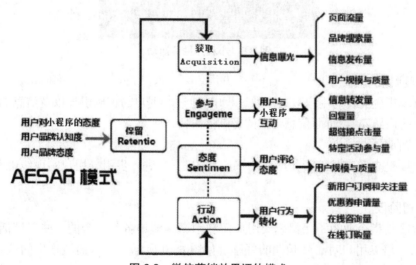

图 6.8　微信营销效果评估模式

在对具体企业微信进行营销效果评估时，企业可以根据评估指标的变化获得各环节的实施效果，从而可以针对性地采取改进措施。

（1）获取阶段

企业通过微信小程序的推广方式，来获得用户对品牌与产品的关注，吸引用户了解并关注企业小程序的过程。

（2）参与阶段

企业利用微信多样化的营销手段和互动形式鼓励用户自主参与到品牌互动中的阶段为参与阶段。如定期发起话题讨论、有奖活动、在线问答等互动形式，可以让用户进行转发、回复和参与等。如图6.9所示为某小程序内部的抽奖活动。

图6.9　小程序抽奖活动

（3）态度阶段

态度阶段指企业在与用户双向沟通过程中，通过对用户的正确引导以及信息的处理，高效地解决用户的问题，减少负面信息带来的影响的阶段。

（4）行动阶段

行动阶段是企业有效地转化用户购买产品的过程，进一步引导用户实现线上和线下的转化的阶段。

（5）保留阶段

保留阶段是指企业为了保留忠实用户而利用微信营销各类平台的一些营销活动，通过长期的运营以及培养用户对品牌长期的好感。如图6.10所示为小米商城推出的流行产品的拼团活动。

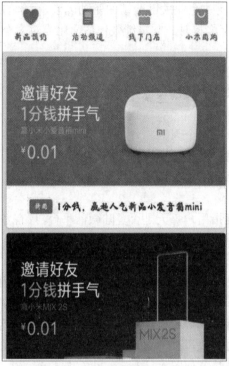

图 6.10　小米商城推出的拼团活动

 快来扫一扫！

　　营销分为线上和线下，每种营销方式都有自身的考核标准，这关系到每个营销人员的绩效。以上内容讲解了微信营销的考核评估，微信营销属于网络营销。那么网络营销下的绩效考核标准又是什么呢？即将成为营销人员的你是否感兴趣呢？扫描右方二维码即可了解。

技能点 2　KPI 考核

　　KPI 考核是企业绩效考核方法之一，其特点是考核指标围绕关键成果领域进行选取，MBA、EMBA 等常见商业管理教育均对 KPI 考核法的应用及特点有所介绍。

1. KPI 考核简介

　　KPI（Key Performance Indicator）考核是关键绩效指标考核法，是企业进行绩效考核时常用的一种评价指标,能有效反映企业关键业绩的驱动因素、变化的衡量参数、积累关键绩效参数,可以促进经营管理水平全面提升。它将绩效评估简化为对多个关键指标的考核。

2. KPI 考核合格指标

微信营销考核的目标设定和评估都要综合考量平台的定位以及现处阶段情况来判断。在 AESAR 模式下,微信营销 KPI 考核的指标分别有以下几种。

(1)有效到达率 90%

影响有效到达率会有以下三个因素。

一是反感营销信息的用户拒绝接受信息。

二是移动手机品牌较多,系统版本层次不齐,不同品牌的手机系统是不一样的,运行效果也不一样。

三是微信用户的活跃度指用户每天是否登陆微信平台,只有登陆微信后,收到推送信息提醒才算有效。

(2)打开率达到 80%

微信打开率是用户在接受微信公众号的推送消息后,打开页面的比例。通过打开率可以推断出运营者的推送时间是否正确,以及推送的标题是否吸引用户。此指标可以用来调查推送时间和标题,并对其结果做出调整。一般来说,微信用户的最高活跃时段是早上上班前和晚上下班后。例如在上下班时间段,星巴克会在微信公众号平台推送有关活动,利用标题吸引用户点击进入小程序来选购商品。如图 6.11 所示。

图 6.11　星巴克公众号

（3）阅读率达到 50%

微信阅读率是指用户在接收到信息以后,点击进去阅读内容的比例。在内容运营方面,要求标题以及内容上按照标准的格式进行推送。推送标题、头条配图和概要是决定用户是否会阅读的关键。这个指标可以考核运营人员的用户洞察能力和内容营销能力。

（4）用户活动参与率达到 20%

参与活动是进行转发、参与商家的有关运营活动。对于用户的活动参与度,只有达到 20%以上的用户参与才算合格。该指标可以直观看出,活动策划的内容是否具有吸引力。

（5）推广期间用户增长率达到 10%

在用户基数较小时,微信用户大多来自微信以外的推广手段,例如:微博、QQ、百度贴吧、豆瓣、论坛等。这就判断了运营人员在推广过程中是否有效,是否能引导用户来关注。通过用户增长率可以看出推送的内容是否让用户喜欢并积极配合分享到朋友圈。

（6）链接点击率达到 20%

链接的点击率用于考核内容运营能力和用户把握能力。点击率在 20% 以上为合格。在公众号中添加链接,给对应的网站带来点击流量。如图 6.12 所示为公众号推送的内容中添加的链接。

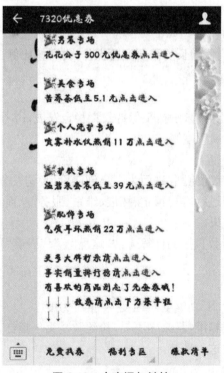

图 6.12　内容添加链接

3. KPI 考核类型

在微信营销的 KPI 考核标准中,考核类型可以分为效益、运营、组织三大类,类型分布如图 6.13 所示。

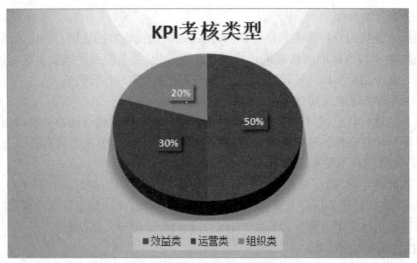

图 6.13　考核类型分布图

（1）效益类

- 效益类是体现微信小程序价值最直接、最有效的效益指标，占考核比例 50%。
- 投资资本回报率、税前利润等。

（2）运营类

- 为实现微信小程序价值增长的重要运营操作，占考核比例 30%。
- 管理费用、客户投诉次数等。

（3）组织类

- 用来评估员工管理能力，激励员工保持长期稳定发展，占考核比例 20%。
- 员工人数控制、员工满意度等。

4. 计算方法

微信营销要遵循服务、互动原则，进而为客户创造价值，诱发分享，从而达到营销目的。另外要借助于微信提供的功能进行客户锁定、拓展、维系、服务，从而不断增加客户、产生交易，形成利润并达到营销的最终结果。

下面是微信营销相关指数直接的计算方法，这里"="代表着"取决于"的意思，"×"是"关联"的意思。

（1）关注者数量

关注者数量 = 粉丝评价 × 功能受欢迎度 × 推广力度

微信小程序的粉丝超级精准，且来之不易，粉丝数是第一指标，这决定了传播的直接效果，大部分微信传播都不能打破这一环节。

（2）互动率

互动率 = 关注者数量 × 功能受欢迎度

微信小程序的互动率取决于关注者数量及功能受欢迎度两个因素，并与它们呈正相关关系。

（3）用户忠诚度

用户忠诚度 = 内容价值性 × 互动性 × 功能受欢迎度

用户忠诚度与内容价值性、互动率及功能受欢迎度呈正相关的关系，内容价值型越高，互动率越大。

（4）粉丝评价

粉丝评价 = 功能受欢迎度 × 企业自身的服务

微信小程序平台的用户评价取决于微信小程序平台的受欢迎程度与企业自身的服务之间的联系。

（5）转化率

企业转化率 = 粉丝忠诚度 × 关注者数量

微信小程序账号的转化率与用户忠诚度及关注者的数量都有密切关系，用户越忠诚，关注的人越多，转化率就越高。

技能点 3　微信数据统计

2013 年 8 月 29 日，微信公众号平台增加了数据统计功能，目前已有小程序数据分析和微信公众账号数据分析，利用微信数据统计，可以有效地监控微信的运营效果。每日数据一般是在第二天上午进行更新。

1. 微信数据统计方法

（1）官方数据统计

可通过微信小程序后台的数据统计功能，查询全面的概览数据。还可通过实时数据，可以了解目前的用户数量。如图 6.14 所示。

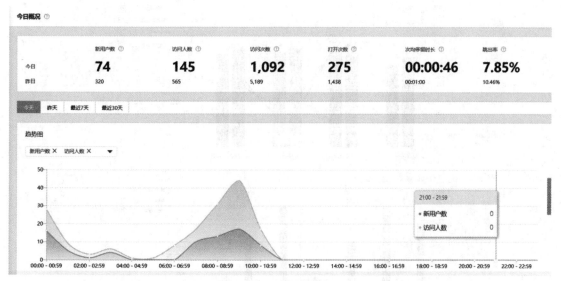

图 6.14　官方数据统计

（2）自定义统计

自定义统计是将用户的行为定义为单个事件，可以统计各类数据但成本较高，需要开发和规划时间。

（3）无埋点统计

无埋点统计可采集各类应用页面访问、点击行为、用户特征等数据，灵活进行自定义分析。

2. 微信数据分析

微信数据分析功能包括用户分析、图文分析、消息分析和开发支持四个章，企业可以轻松掌握微信的实际运营情况，并且可以监控微信运营效果。

（1）用户分析

企业管理者通过用户分析该功能，可以清晰、直观地了解用户的基本属性以及增长情况。用户增长关键指标包括新增人数、取消关注人数、净增人数、累计关注人数等，以相应的曲线图和数据表两种方式来显示数量发展趋势，使微信运营者能够精准把握人数增减的趋势。如图6.15所示。

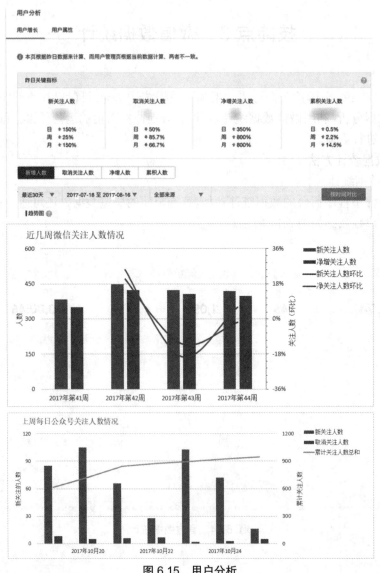

图 6.15 用户分析

（2）图文分析

图文分析是由图文群发和图文统计两部分组成。管理者通过图文分析可以看到图文消息中的每篇文章有多少用户接收、图文页阅读数量、原文页阅读次数以及文章的分享转发人数和次数等。此外，后台也提供了按照图文页阅读人数、分享转发人数进行排序的功能，可以分析出相应的时间段内，哪些文章最受欢迎。如图 6.16 所示。

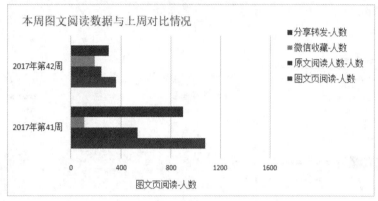

图 6.16　图文分析

（3）菜单分析

公众号的菜单是非常重要的，通常在菜单中设置网站、公众号突出的内容、需要展示的内容等，所以菜单的点击情况也显得很重要。菜单有多少用户点击，是否达到预期，每个菜单点击数据是如何分布的，一眼就能看出用户对什么内容更感兴趣，作为依据可以对菜单内容进行调整修改。如图 6.17 所示。

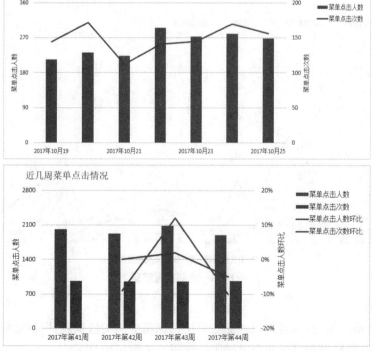

图 6.17　菜单分析

（4）消息分析

消息分析是用户发送消息的统计，其包括消息发送人数、次数分析等。通过消息分析，微信运营者可以了解到用户与微信公众账号活跃度的实际情况。如图 6.18 所示。

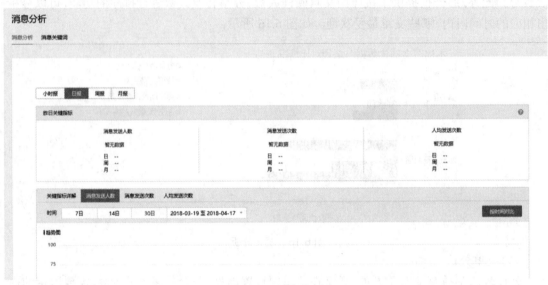

图 6.18　消息分析

（5）流量分析

流量分析指用户通过各类渠道关注、推广公众号，以及阅读图文的流量的粉丝数量，使用人数量以及阅读量等。全部渠道数量如图 6.19 所示。

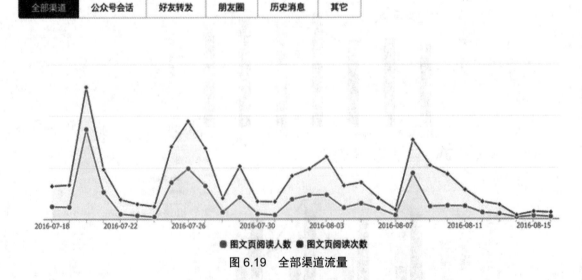

图 6.19　全部渠道流量

（6）接口分析

通过接口分析功能，运营者可以在此查看接口调用的相关数据统计，例如接口的一些调用次数和调用时间、有日报和时报两个时间段可选择。如图 6.20 所示。

接口分析

ⓘ 接口分析仅统计了基础消息接口，暂未统计其他高级接口，请知悉。

| 小时报 | 日报 |

昨日关键指标

调用次数	失败率	平均耗时(毫秒)	最大耗时(毫秒)
暂无数据	暂无数据	暂无数据	暂无数据
日　--	日　--	日　--	日　--
周　--	周　--	周　--	周　--
月　--	月　--	月　--	月　--

| 关键据标详解 | 调用次数 | 失败率 | 平均耗时 | 最大耗时 |

时间　| 7日 | 14日 | 30日 | 2018-03-19 至 2018-04-17 ▾　　　　　按时间对比

趋势图

100
75
50
25

2018-03-19　2018-03-22　2018-03-25　2018-03-28　2018-03-31　2018-04-03　2018-04-06　2018-04-09　2018-04-12　2018-04-15

图 6.20　接口分析

3. 小程序数据分析

小程序数据分析是面向小程序开发者、运营者的数据分析工具，并且有用户访问、分析、实时访问监控、自定义分析等功能，帮助商家掌握最新运营状况，并对产品运营做进一步的优化。其主要内容有以下几方面。

（1）概况分析

提供了小程序的相关指标趋势以及主页的访问数据，可以快速了解小程序的发展状况。

①昨日概况

查看昨日关键用户的指标、反馈小程序昨日用户的活跃概况，以及与前天、本周、本月相比的增长率。如图 6.21 所示。

打开次数	访问次数/人数	新访问用户数	分享次数/人数
192	**93 / 67**	**77**	**667 / 223**
日　+7.26%	日　-- / +28.85%	日　+42.59%	日　+28.27% / -65.53%
周　+82.86%	周　+20.78% / -27.17%	周　+20.31%	周　-4.58% / -65.69%
	月　-- / --	月　--	月　-- / --

图 6.21　昨日概况

②趋势概况

趋势概况中包括累计访问用户数、打开次数、访问人数、新访问用户数、分享次数、分享人数以及人均停留时长等。累计访问用户数如图 6.22 所示。

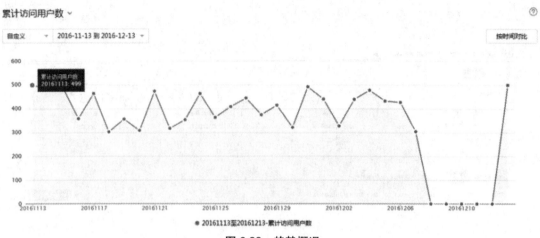

图 6.22　趋势概况

③ Top 页面

Top 页面是用户进入小程序后访问的首页面也是用户最常访问的页面,页面访问的次数和占比(单个页面访问次数 / 总访问次数)如图 6.23 所示。

页面路径	访问次数	占比
1. page1	1611	11.14%
2. page2	1591	11.00%
3. page5	1453	10.05%
4. page6	1451	10.03%
5. page3	1291	8.93%
6. page4	1168	8.08%

图 6.23　页面占比

④实时统计

可选择单个页面或所有页面对用户实时数据进行统计,也可选择具体的时间长度(1 分钟、5 分钟、10 分钟、308 分钟)。如图 6.24 所示。

(2)访问分析

①访问趋势

最直观的指标莫过于访问数量,访问分析可以查看"最近 7 天""最近 30 天"以及自定义时间段的小程序访问情况。如图 6.25 所示。

图 6.24　实时统计

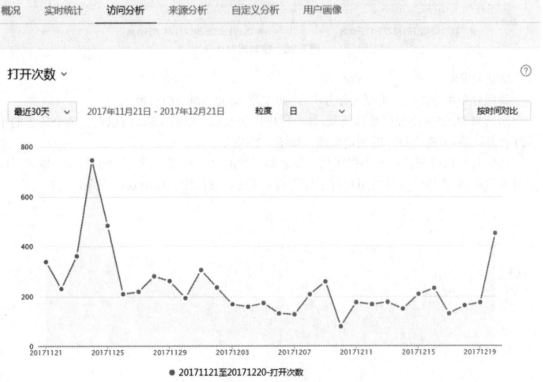

图 6.25　访问趋势

从数据看,该小程序在 11 月 24 日出现了一次峰值,预估计将在 20、21 日出现第二次峰值。

选择 11 月 1~24 日的访问次数,与 11 月 24 日到今天的访问次数做对比。按时间对比如图 6.26 所示。

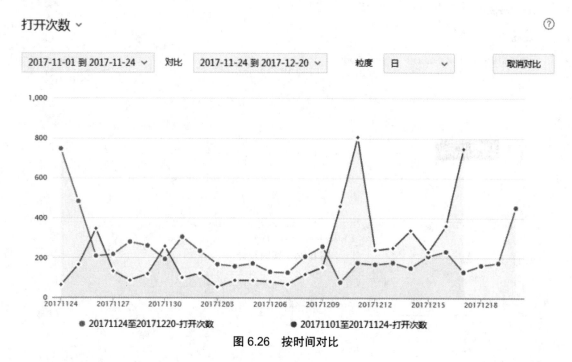

图 6.26　按时间对比

②访问分布

访问分布可分为三种类型进行分析:访问来源、访问市场、访问深度。

访问来源:访问小程序具体场景,如小程序历史数据、二维码等。可以查看各个场景的小程序打开次数,分析小程序的用户来源。如图 6.27 所示。

访问时长指用户从打开小程序到关闭之间停留的时间长度,可在后台中看到各地区区间的打开次数,根据该情况分析用户对小程序的喜爱或依赖程度。如图 6.28 所示。

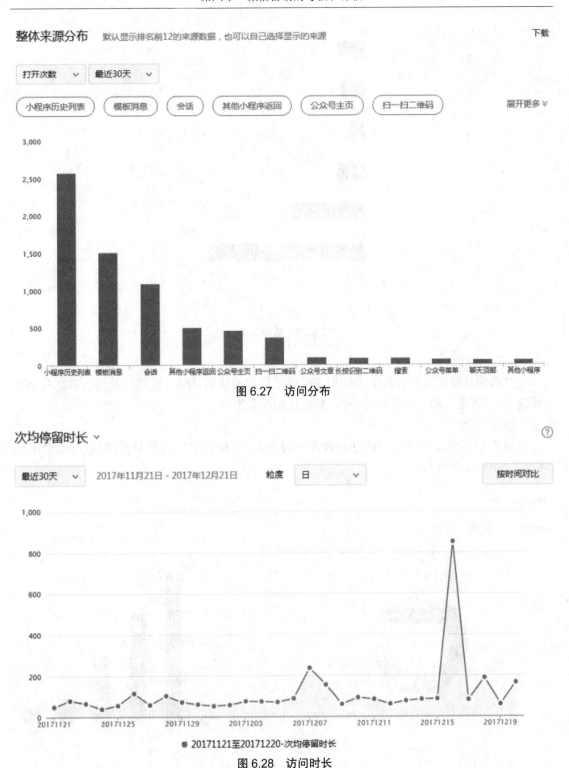

图 6.27　访问分布

图 6.28　访问时长

访问深度，即用户打开小程序后访问的页面数，可通过查看访问次数，了解小程序的普通用户和深度用户的分布。如图 6.29 所示。

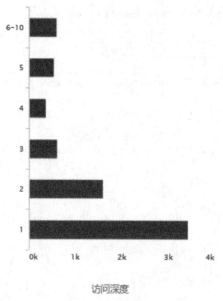

访问深度

图 6.29 访问深度

（3）用户画像

用户画像功能在数据分析中为管理者提供了用户的性别、年龄、地域以及终端机型四个基本维度，可以多维度的对用户进行分析，精细化精准营销。

①性别及年龄分布

可以查看新增或活跃用户的性别及年龄分布，由于部分用户属性数据缺失，可能会出现"未知"，如图 6.30 所示。

性别及年龄分布

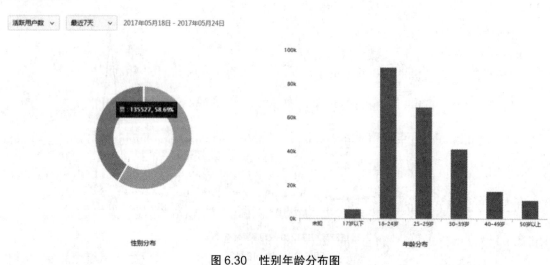

图 6.30 性别年龄分布图

②地区分布

可以查看新增或活跃用户的主要省份分布，图表仅展示用户数最多的 Top10，如图 6.31

所示。

地区分布

图 6.31　地图分布图

③终端机型分布

通过观察新增或活跃用户的终端机型分布情况，分析其营销情况。机型可提供用户最多的 Top20，如图 6.32 所示。

终端及机型分布

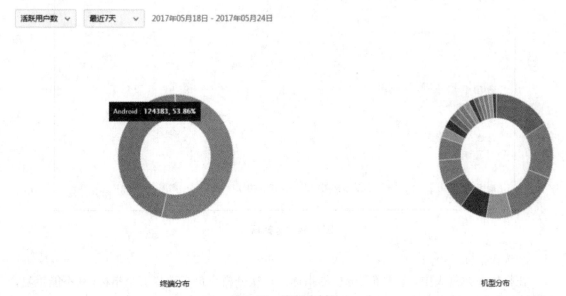

图 6.32　终端分布图

（4）事件分析

事件分析指的是对用户在小程序内的行为，例如：注册、查看商品、下单、支付等进行分析。进行分析时，可以选择查询条件并查看详细数据结果。如图 6.33 所示。

图 6.33 数据结果

①选择事件

在事件下拉列表中，将展现出所有创建的事件，每次只能分析一个事件。如图 6.34 所示。

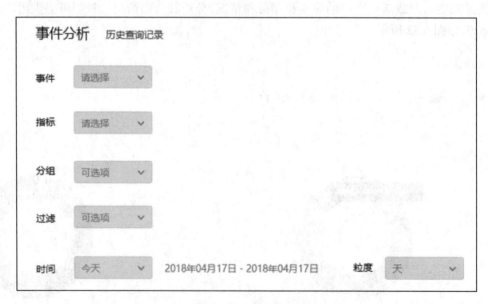

图 6.34 选择事件

②选择指标

在指标下拉列表中，选择需要分析的指标。每次分析可最多选择五个指标，且不能重复，每个事件分别有三个指标，如表 6.1 所示。

表 6.1 指标内容

指标	内容
总次数	事件的触发次数
去重人数	触发该事件的去重用户数
人均次数	每个用户触发该事件次数的平均值

③选择分组

在分组下拉列表中,可以选择查看数据的分组,包括系统默认属性和自定义属性。每次分析最多可以选择 5 个分组,并且不能重复。可以通过右侧的"+"添加分组。例如:分组选择"性别",就会统计为男性用户和女性用户。如图 6.35 所示。

图 6.35 选择分组

(5)漏斗分析

漏斗分析是多种事件的联系,对各个步骤中用户的转化与流失进行分析。例如:用户在购买商品过程中所对应的步骤:查看商品→查看商品详情→加入购物车→下单→支付。在事件分析同时可选择查询详细数据。

①创建漏斗

首先进入漏斗分析,需要先创建漏斗,创建漏斗时,每一步对应一个事件,在一个漏斗中,一个事件只能出现一次。如图 6.36 所示。

②过滤条件

在漏斗中的每一个事件,可以针对事件本身的自定义字段设置过滤条件。这里提供的过滤规则与事件分析中的设置过滤条件规则相同。例如,希望分析 A 类商品的购买转化数据,可以设置过滤条件"商品种类为 A"。如图 6.37 所示。

③选择漏斗

在漏斗名称下拉列表中,选择想要分析的漏斗。每次分析只能选择一个漏斗。如图 6.38所示。

④选择分组

在分组下拉列表中,将展示出所有我们内部定义的属性,选择想要分析的分组属性。每次分析最多只能选择 1 个分组。不选时,将统计总体数据。如图 6.39 所示。

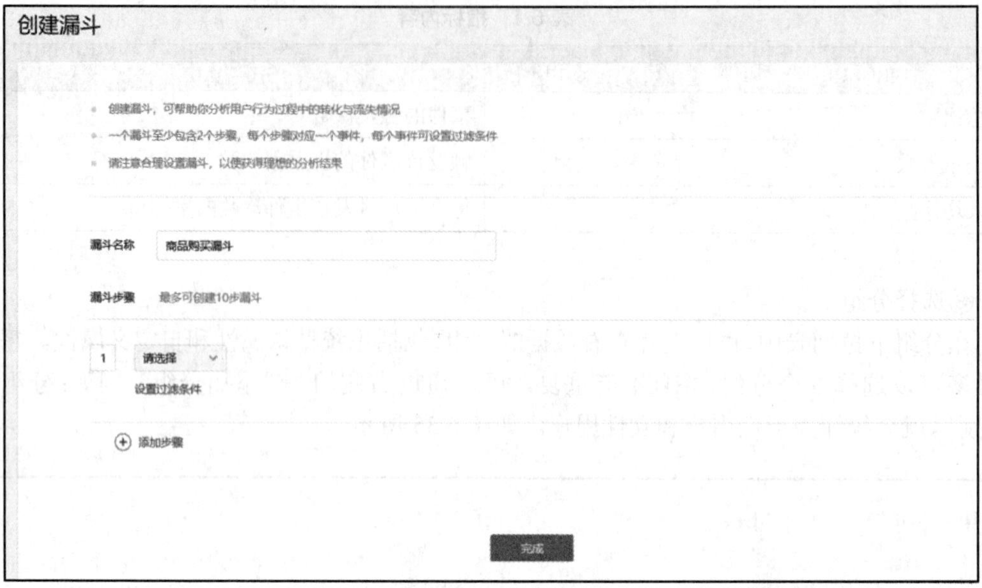

图 6.36 创建漏斗

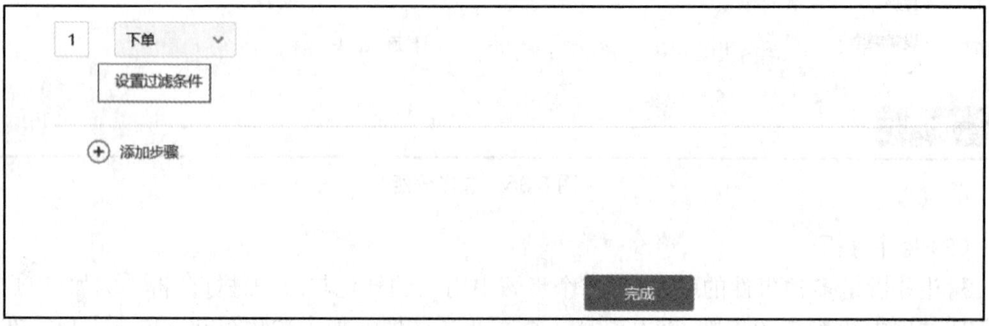

图 6.37 过滤条件

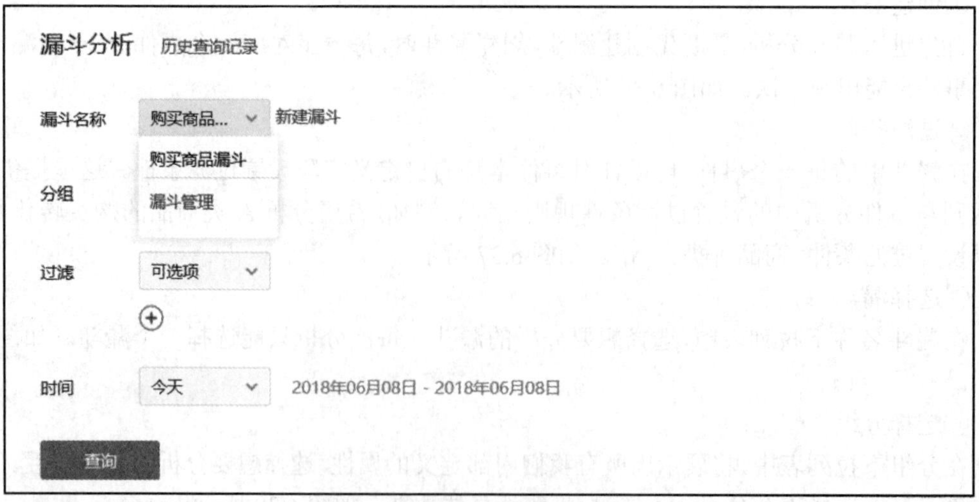

图 6.38 选择漏斗

图 6.39　选择分组

⑤设置过滤条件

分析时,可以选择或输入想要过滤的条件。每次分析最多可以选择 5 个过滤条件。所有条件之间的关系必须全部为"并且",或全部为"或者"。如图 6.40 所示。

图 6.40　设置过滤条件

⑥选择时间范围

选择时间范围是查询昨天、前一周、前一个月等情况,进行一段范围的查询。当天的数据也可以及时查看。如图 6.41 所示。

图 6.41　选择时间范围

快来扫一扫!

　　通过以上内容可知,企业都有自己的绩效考核标准,无论是通过微信营销还是普通线下营销,制定相关绩效考核标准才能激起销售人员的斗志,企业才能有长远的利益。右方二维码中以表的形式列出了销售人员绩效考核标准和考核内容。想知道自己是否符合考核标准吗?快扫码吧!

"小程序数据助手"案例分析

（1）"小程序数据助手"简介

"小程序数据助手"是微信公众平台发布的官方小程序，支持相关的开发和运营人员查看自身小程序的运营数据，扫描下面小程序码可立即体验。如图 6.42 所示。

图 6.42　小程序数据助手二维码

（2）"小程序数据助手"优势

"小程序数据助手"可以随时随地查看小程序的数据。用户只要进入该小程序，就可以查询绑定小程序的用户数据概况、访问分析和实时统计等数据，只要是有需求的微信用户都可以使用，如图 6.43 所示。

小程序数据助手

计算类

小程序数据助手，支持小程序相关的开发和运营人员在手机端更方便、及时地查看运营数…

深圳市腾讯计算机系统有…　　　　2个好友使用过

图 6.43　小程序数据助手介绍

从该小程序查到的数据,与登录微信公众查询的后台信息同步且一致,避免了登录 PC 端的复杂步骤。

(3)"小程序数据助手"功能分析

"小程序数据助手"当前功能主要包括数据概况、访问基础分析(用户趋势、来源分析、留存分析、时长分析、页面详情)、实时统计和用户画像(年龄性别、省份城市、终端机型)。如图6.44 所示。

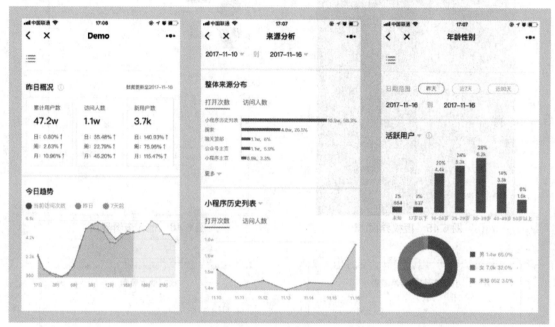

图 6.44　小程序数据助手功能

①管理员授权

第一步:点击左上角菜单,在导航页中选择"授权"。如图 6.45 所示。

第二步:在搜索框中输入微信号查询,或"从小程序开发者/体验者中选择",点击"授权"。如图 6.46 所示。

第三步:授权成功后,被授权用户将接收到模板消息通知。如图 6.47 所示。

②管理者取消授权

第一步:在已授权用户列表中,左滑取消授权。取消授权后,用户不再有查看该小程序数据的权限。如图 6.48 所示。

小程序数据查询授权也可以在后台"用户身份"设置操作,选择"数据分析"后,即可使用小程序数据助手查看数据。如果超过上限,可以取消已授权用户后再进行操作。如图 6.49 所示。

③切换查看数据的小程序

第一步:首次打开"小程序数据助手",直接从列表中选择;如图 6.50 所示。

第二步:点击左上角菜单,在导航页中选择"切换",从列表中重新选择。如图 6.51 所示。

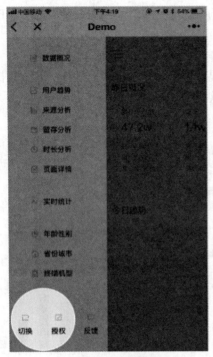

图 6.45　授权界面

图 6.46　他人查看界面

图 6.47　用户列表

图 6.48　取消授权

用户身份

管理员　可设置风险操作保护、风险操作提醒等帐号安全

管理员
rh****ang
2017-05-22　　　修改

成员管理　管理员可添加小程序项目成员，并配置成员的权限，查看详细说明。　　　保存　取消

⊕ 添加成员

成员	开发者权限	体验者权限	登录	数据分析	开发管理	开发设置	暂停服务	解除关联公众号	腾讯云管理
用户1	☑	☐	☐	☑	☐	☐	☐	☐	☐
用户2	☑	☑	☐	☑	☐	☐	☐	☐	☐
用户3	☑	☐	☐	☑	☐	☐	☐	☐	☐

图 6.49　后台设置界面

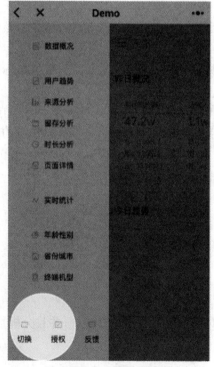

图 6.50　小程序导航界面

图 6.51　切换小程序数据界面

本章介绍了微信营销的考核和评估,通过本章的学习可以了解微信营销的考核标准及评估模式,熟悉 KPI 考核指标、考核类型和 KPI 的计算方法,学习之后能够使用微信的数据分析方法进行营销效果分析并对营销产品做出优化。

assessment	评估	element	要素
effect	效果	standard	标准
comments	评论	popularity	受欢迎度
conversion	转化	KPI	关键业绩指标

一、填空题

1. KPI 考核, Key Performance Indicator 的缩写,指的是 _____,是企业进行绩效考核时常用的一种工具。

2. 微信的互动频率是指用户对于企业微信公众账号的使用频率,这方面的考核指标包含 _____、评论量、分享率三部分。

3. _____ 是指企业根据自身的营销需求而对微信的内容、栏目、板式进行设计的功能。

4. 用户增长关键指标包括 _____、取消关注人数、净增人数、_____ 等,以相应的曲线图和数据表来显示数量发展趋势。

5. 微信营销相关指数直接的计算方法,这里"="代表着"取决于"的意思,"×"是 _____ 的意思。

二、简答题

1. 简述微信营销的评估要素。

2. 请写出 KPI 考核计算方法。

【本章小结】

通过本章的学习,是否掌握了相关技能点,能否对营销效果数据进行统计,并且分析数据。根据实际情况完成下表的填写。

本章学习小结	
本章主要讲解了什么	
未掌握的知识技能	
学习本章掌握了什么	
统计分析营销数据	
是否完成本章操作	☐ 正常　☐ 提前　☐ 延期
学习心得	
备注	